白水iクラシックス

ルソー・コレクション

孤独

ジャン＝ジャック・ルソー

川出良枝 選

佐々木康之 訳

白水社

ルソー・コレクション　孤独

Jean-Jacques Rousseau
Les Rêveries du promeneur solitaire
Quatre lettres à M. le président de Malesherbes

目次

凡例

一、ルソー・コレクションは、小社刊『ルソー全集』に改訳を加えたものである。使用されるテキストは、とくに指示されているものをのぞいて、*JEAN-JACQUES ROUSSEAU; ŒUVRES COMPLÈTES*, Bibliothèque de la Pléiade, N. R. F., éditon publiée sous la direction de Bernard Gagnebin et Marcel Raymond である。なお、異稿については訳注で言及される。

一、原注は原則として（1）（2）……のアラビア数字で示し、段落ごとに掲げる。

一、訳注は（一）（二）……の漢数字で示し、末尾に一括して掲げる。とくに指示がないかぎり、〔　〕は訳者によるものである。

一、本コレクションでは、“amour-propre”を「利己愛＝利己心」と訳してきたが、本巻では文脈を考慮して「自負心」とした。

孤独

孤独とは、ルソーがしばしばその作品中で好んで使い、ついには、最晩年の著作のタイトルに用いた言葉であった。実際、『孤独な散歩者の夢想』は日本でもとりわけ人気のあるルソーの作品で、数多くの邦訳が刊行され、愛読されてきた。ルソーの思想を孤独という概念で切り取ろうという試みも枚挙にいとまがない。

だが、そうであるからこそ、読者はこの言葉に注意深くあらなければならない。ルソーの「孤独」は、魂の平安を得るために社会から隔絶して生活する修道僧の禁欲ではないし、ロマン主義的な、自己目的化した隠遁志向とも異なる。ルソーが、自分や自分の作品が世間に理解されず、無理解と迫害と陰謀の渦に巻きこまれ、すべてに絶望して隠遁したいと繰り返し訴えたとしても、それをすべて額面通り受け取ることはできない。何しろ、攻撃者のいわれなき糾弾に対抗し、また何よりも自己に正直であるためにその生涯を記した自叙伝（『告白』）を、刊行が禁じられているのなら、自ら友人たちの前で堂々と朗読し、広く世に知らしめようとしたルソーである。

だからといって、「夢想者」ルソーの孤独が偽物だというわけではない。幸福な日々を過ごしたスイスのサン＝ピエール島を思い出しながら、名をなしたいという野心に燃えて奮闘し、結局は苦い挫折を味わったパリで最後の日々を過ごす老境のルソーは、静かな諦念のなかに休らっているかにみえる。市民として、人間として、他者との間にいかなる関係を作り出すべきかを探求し続けたルソーの最後の境地がここにある。

川出良枝

孤独な散歩者の夢想

佐々木　康之　訳

第一の散歩

　こうして私は、いまや自分自身のほかには兄弟も、近しい者も、友も、付き合う相手もなく、この地上に一人きりになってしまった。人間のうちでいちばん付き合いやすく人なつっこくもある男が、みんなの合意で仲間はずれにされてしまったのだ。憎しみきわまって彼らは、どういう責苦が私の敏感な魂にいちばん残酷かと考え抜いたあげく、私を彼らと結びつけている一切の絆を乱暴に断ち切った。相手の意向がどうであっても、人間であれば私は愛情を持ったことだろう。人間であることをやめてはじめて、彼らは私の愛を逃れえた。彼らはこうして、私には縁のない、見知らぬ、要するに無の存在と化したが、それは相手がそう望んだからだ。だが、彼らから、また一切のものから切り離された私、この私とはなんだろう。それは、これから探求しなければならないことである。あいにく、その探求にとりかかる前に、私の置かれている境遇を一瞥しておく必要がある。これは、彼らを離れて私のところにまで到達するための手順として、きちんと考えておかなければならないことである。

　こうした奇妙な境遇に置かれて十五年以上(一)になるのに、いまだにそれが夢のように思える。自分は消化不良に悩まされて悪い夢を見ているのだ、やがて目が覚めたら、この苦しみはすっかりなくなり、また友人と一緒にいることになるのだ、などとあいかわらず考えている。そうだ、たしかに私は、自分でそれとは気づかずに、覚醒状態から眠りの状態へ、いやむしろ生から死へと、跳び移ったにちがいない。どうしてだかわからないが、この世の常態から引き離され、何事のあやめも分からぬ不可解な混沌のなかに突き落とされてしまって、私には、現在の境遇を考えれば考えるほど、自分がどこにいるのかわからなくなってしまう。

　ああ、どうして自分を待ち受けている運命を予見できたろうか。その運命に翻弄されている今日でもまだ、どうしてそれが理解できるだろうか。まっとうな頭で考えて、この同じ私が、いまなおそのころと同じである私が、一個の怪物として、毒殺者、暗殺者として、だれ疑うこともなく通るようになり、信じられるようになろうなどと想像することができただろうか。自分が人類の憎悪の的となり、下賤なやからの玩具となりはて、通りすがりの人のよこす挨拶が、私につばすることでしかなくなり、一つの時代の人間全員がこぞって私を生き埋めにして喜ぶことになろうなどとは。この奇怪な豹変が起こったとき、私は不意をつかれ、とっさに動転してしまった。激しい動揺と激昂で私は錯乱状態に陥り、平静をとり戻すのにゆうに十年（三）はかかったが、この間、私は錯誤に錯誤を重ね、失態と愚行を繰り返し、うかつにも私の運命をあやつる連中に存分の手だてを与えてしまうていたらくで、彼らはまたこれをまんまと活用し、私の運命を取り返しがたく定めてしまったのだった。

　長い間、私はもがきにもがいたが、甲斐はなかった。無器用で、無策で、隠しだてもできなければ、用心もできず、率直で、あけひろげで、性急で、激しやすい私は、もがけばもがくほど、ますますがんじがらめになって、たえず連中に新しい手がかりを与えるばかり、それをまた見逃す相手ではなかった。ついに一切の努力のむなしさをさとり、まったく無駄な苦しみを味わっただけで、私は最後に残された唯一の方策をとることに腹をくくったが、それは、必然的なものにこれ以上逆らうのはやめ、運命に服従するという決意なのであった。このあきらめのうちに、私は一切の不幸を償ってくれるものを見出したが、それはあきらめのもたらす安らぎの賜物であり、つらく益ない反抗のたえまない苦闘の渦中では味わいようのなかったものだった。

こういう安らぎが得られたことについては、もう一つ別の事情もかかわっていた。私の迫害者たちは、あの手この手と憎悪の限りをつくしてきたが、激しい憎しみのあまり、かえって一つ忘れたことがあった。それは痛めつけの効きめを徐々にうまく強めて行く手口で、彼らはたえずなにか新たな痛手を負わせることで、私の苦しみを持続させ蘇らせることができたことだろう。もしかすかな希望の光でも私に残しておくだけの機転をきかせていたら、いまでもその手くだで私をつかまえていただろう。なにかにせのおとりで私をさらにもてあそんだあげく、次には期待を裏切ったりして、つねに新手の責苦で私を痛めつけることができただろう。だが、彼らは前もってあらゆる手を使い果たしてしまった。私になにひとつ残さなかったことが、自分で自分を徒手空拳にする結果となった。彼らが私にあびせかけてきた中傷、誹謗、嘲罵、侮辱は、おさまることもないにせよ、これ以上ふえる気配もなさそうだ。私たちは相方ともになす術《すべ》がなくなり、彼らにもそれをいまよりあくどくやる力はないし、私にもそれを逃れる力はない。彼らはあまりに性急に私を不幸のどん底に陥れようとしたので、いまではどんなに力んでみても、たとえ地獄のあらゆる奸知の助けを借りたところで、人間の力ではもはやそこになにひとつ加えられない。肉体的な苦痛でさえ、私の苦悩を増すどころか、それをまぎらせてくれるくらいだ。おそらく、痛さのあまりにあげる悲鳴が、心の呻きを免れさせ、肉を引き裂かれることで、心が張り裂けずにすむのだろう。

すべてことはしつくされたのに、まだこのうえ彼らのなにを恐れる必要があろう。私の境遇をこれ以上悪くする力は彼らにはもうないのだから、私をおびえさせることもできはすまい。不安と恐怖、彼らのおかげでこの二つは、私には永遠に免除された苦しみとなった。これはいずれにしてもありがたいことだ。現実の苦しみは、私にはあまりこたえない。現になめている苦しみは簡単にあきらめるが、心で案じている苦しみについてはそうはいかない。私のおびえた想像力はそうした苦しみを組み合わせ、かきまぜ、ひきのばし、ふくれあがらせる。それを待つときのほうが現に直面するときより百倍も苦しく、不吉な徴候のほうが実際の打撃よりも私には恐ろしい。それが現実のものとなると、起こったというそのことによって、たちまち想像の部分はすっかりはぎとられ、苦しみはそれ本来の重みしか持たなくなる。すると、私にはそれが想像していたよりもはるかに些細に思え、苦しんでいる最中でさえほっと安堵をおぼえずにはいられない。こうした状態では、新たな心配はなにひとつ起こる恐れはなく、期待のもたらす不安からも免れているのだから、ただ慣れさえすれば十分で、これ以上悪くなりようのない境遇は、日一日と我慢しやすくなってこようし、また時とともに苦しみに対する感覚が鈍ってゆくにつれ、苦しみのほうにはもうその感覚をよみがえらせる手だては失われてしまう。私の迫害者たちが、憎悪の矢をむやみに使い果たすことで、私にしてくれた善行とは、すなわちこれである。彼らは私に対する支配力を自分ですっかり捨てさってしまったので、今後私は彼らを一切無視することができる。

私の心に完全な平静がとり戻されてからまだ二月にもならない。久しい以前からもうなにも恐れなくなってはいたものの、それでもまだ希望は持っていて、それがときにあやされ、ときにあざむかれて、私をとらえてはなさず、その結果、さまざまな無数の情念に心がかき乱されていつまでも止むことがなかった。それが最近ついに、つらい思いがけない出来事（三）が起こって、私の心からこのはかない希望の光を消し去り、自分の運命がこの世ではとり返しようなく、永久に定められていることを私に思い知らせた。そのときから、私はすっぱりとあきらめをつけ、ふたたび心の平和を見出したのである。

　陰謀の全貌がかいま見えはじめるが早いか、私の生きているうちに世間の人を自分のほうに連れ戻す考えは永久になくしてしまった。それに彼らが戻ってくること自体、もはや逆に私が戻ることはありえないのだから、今後の私にはまったく意味がない。人々が私のもとに帰ってきても無駄で、もはやかつての私を見出すことはないだろう。こちらは彼らをつくづく軽蔑しきっているから、彼ら相手の付き合いは面白くもなく負担にさえなろう。彼らと一緒に暮らしてどんな幸せになれるかは知らぬが、一人でいるほうがその百倍も幸せである。彼らは私の心から、人と付き合う楽しみをことごとくもぎ取ってしまった。もうこの年でそれがふたたびこの心に芽吹くことはありえないだろう。もう遅すぎる。今後、私に善いことをしようが悪いことをしようが、彼らのすることは一切私には関心がなく、いまの時代の人たちはなにをしようと、私にとって価値ある存在となることはけっしてないだろう。

　それでも、まだ私は未来をあてにしていた。いまにもっとよい時代がきて、いまの世の人々が私に下している判断や私に対する彼らの振舞をもっとよく検討し、いまの世を牛耳っている連中の策謀をあっさり見破り、ついに私のありのままの姿を見てくれるようになるのではないか、そう望みをかけていた。そういう望みがあればこそ、私は『対話』を書き、それを後世に伝えるためのいろんなばかげた試みを思いつきもしたのだった[四]。こうした望みは、はるかな未来にかけたものであっても、いまの世紀に心の正しい人をまだ探し求めていたころと同じように、激しく揺れ動く不安のなかに私の魂をつなぎとめずにはおかなかった。いかに遠い先に投げかけてみてもむなしく、希望がある以上、やはり私は今日の人々の慰みものになってしまうのだった。『対話』のなかで私は、こうした期待をもった根拠はなにかをのべておいた。私は間違っていた。幸いにもまだ間に合ううちにそのことに気づいたので、最後の時が来るまでに、なおしばし完全な安らぎと絶対の休息の期間を見出すことができた。この期間は、いま話題にしている時期にはじまったが、もう中断することはないと信じて間違いないと思う。

　たとえ時代は別であっても、世間の人々が私のほうに戻ってくれることをあてにしていたのがいかに間違いだったかを、あれこれ反省し直しては、あらためて確信しないような日はほとんどない。なにしろ世間は、こと私に関しては、私に反感を抱いた集団のなかからたえず新しく生まれかわる指導者に導かれるのだから。個人は死ぬが、集団は死なない。そこでは変わることない根強い偏見が生き続け、激しい憎悪は、それを吹きこむ悪魔のように不死身で、つねに変わらぬすさまじさを持ち続ける。私の個々の敵がことごとく死に絶えてしまっても、医者とオラトリオ会士たち[五]は依然生き続けているであろうし、迫害がこの二つの集団だけになっても、彼らが、私の生きているあいだ、私をそっとしておかないのと同様、死後の私の評判も安泰にしておかないことは、覚悟しなければならない。おそらく時がたてば、私が実際に侮辱したことのある医者のほうの怒りは、和らぐこともありうるだろう。しかし、私が愛し、敬意をはらい、全幅の信頼を置いてきて、一度として侮辱したことのないオラトリオ会士、教区付聖職者にして半ばは修道士たるオラトリオ会士のほうは、けっして気持ちを和らげないだろう。私の罪とされるものは、実は彼ら自身の不正であるのに、彼らのプライドがけっしてそれを私に許すまい。また、世間のほうも、オラトリオ会士がたえず気を配って、憎悪の火を消さぬよう、燃えあがらせるよう仕向けるので、彼ら同様、怒りを和らげないだろう。

この地上では、私にとって、すべてが終わってしまった。もうここでは、だれも私に善いことも悪いこともすることはできない。この世にはもう、望むものも恐れるものもなにひとつとしてなく、この世で奈落の底にありながら、哀れ不運な人間の私は、しかし神そのもののように超然として、安らかな心境だ。

私の外にあるものはすべて、これからは私には無縁である。この世にはもう隣人も同類も兄弟もない。私は地球の上にいながら、見も知らぬ惑星にいるようなもので、以前住んでいた別の惑星から落ちてきたような気持ちである。自分のまわりでなにか見おぼえのあるものに気づくことがあると、それは私の心にとって悲しくつらいものばかり、わが身に触れ、わが身をとりまくものに眼をやれば、なにか私をいらだたせる侮蔑の材料、胸を痛ませる苦悩の種が、かならずいつも見出される。だから、気にしてみても苦しいばかりで意味のないつらいことは、一切私の頭から遠ざけよう。慰めも希望も平安も自分のなかにしか見出せないのだから、これからの余世は一人きりになって、もう自分のことしか考えるべきでないし、また考えたくもない。こういう心境で、私は、かつてわが『告白』と呼んだ厳しく真摯な自己糺明の続きにまた手をそめるのである。私は余生を自分自身の研究のためにささげ、遠からず神の前で行なわなければならない自己釈明の準備をいまからしておくために費やすことにする。自分の魂と語り合う喜びに浸りきることにしよう、それだけは、人々が私からとりあげることのできないただ一つの喜びなのだから。もし、自分の心の傾向に反省を深めた結果、それをいまよりちゃんとしたものにすることができ、まだ残っていそうな悪い所を矯正することができるならば、私の瞑想もまったく無益ではないことになるし、もはやこの世ではなんの役にも立たない人間ではあるにせよ、晩年をまったくの無駄に過ごしたわけでもなくなるだろう。日々の散歩のつれづれ、私の心はよく陶然とするような想念に満たされたものだが、それを忘れてしまったのが残念である。これからもまだそうした思いが心に浮かんでくることがあれば、書きとめておくことにしよう。それを読み返すたびに、喜びがよみがえってくることだろう。自分の心が当然受けてしかるべきだった褒賞を思って、わが身の不幸や、迫害者や、恥辱のことを忘れることだろう。

この原稿は正確には私の夢想の雑な日録でしかないだろう。ここでは自分のことが大いに話題になろう。孤独な人間が物思いにふければ、どうしても自分自身のことを考えがちなものだからである。そのほか、散歩の道すがら、頭をよぎる考えは、自分以外のことも、すべてここに同じように書きとめることにしよう。考えたことを、思い浮かんだままに語ることにし、それにふつう前日の考えと翌日の考えとのあいだにあまり関連がないのと同じように、脈略はあまり考えずに語ることにする。しかしその結果として、いまのような奇怪な状態のもとで私の精神が日々どういう感情や思想を糧にしているかを知ることによって、やはり私の性向や気質についての新たな認識が得られることだろう。この原稿はだから、『告白』の補遺とみなすこともできるのだが、もうそういう題はつけない。そういう題名にふさわしそうな話は、もう一つもないような気がするから。私の心は逆境の坩堝《るつぼ》で純化されているから、入念に探ってみても、そこには非難されるような傾向の名残りはほとんど見つからない。この世での愛着はことごとく私の心から取り去られてしまっているというのに、まだなにを告白することがあるだろうか。私には自分をけなす必要もなければ、誉める必要もない。今後私は人々のあいだにあって無に等しい存在である。また、彼らとはもはや実際の関係はなく、真の付き合いもしない以上、そのほかに私のありようはない。いまではどんな善を行なってもかならず悪を生むことになり、いかなる行動をとっても他人や自分を傷つけないではいられないのだから、なにもしないことが私の唯一の義務となってしまった。その義務を可能なかぎり私は果たしている。このように肉体はなにもせずにいても、私の魂はいまでも活動をやめないで、いまなお感情や思想を生み続けているし、その内的な精神的生命力は、世俗的で現世的な一切の関心の消滅によって、なおいっそう大きくなったように思える。肉体はもう私にとって厄介なものにすぎず、邪魔なものでしかないので、私はいまから前もって、ここからできるだけ抜けだしておくことにする。

こんな特異な境遇は、たしかに検討と記述に値する。そこで私は晩年の余暇を、まさにこの検討のために割くことにする。これを首尾よくやりとおすには、順序よく、確かな方針に従って、ことに当たらなければならないだろう。しかし、そういう面倒な仕事は私のよくするところでないばかりか、それでは、私の魂の変化とその変化の移り行きを理解するという目的からそれてしまうことにさえなろう。私はある点では、物理学者が大気の日々の状態を知るために大気について行なう作業を、自分自身について行なうつもりだ。自分の魂に気圧計をあてがってみようというわけだが、こうした作業は、しっかりした方針のもとに長期にわたって繰り返せば、物理学者の成果に匹敵する確実な成果をもたらしうるだろう。しかし、私はそこまで自分の計画を広げはしない。私は作業の記録をつけることに甘んじ、これを体系にまとめる努力は払うまい。私はモンテーニュと同じことを企てているのだが、目的はまったく逆である。モンテーニュがその『エセー』をもっぱら他人のために書いたのに対し、私はひたすら自分のためにのみわが夢想を書きしるす。私が老いさらばえ、死出の旅立ちが近づいたときにも、望みどおり、いまと同じ心境のままだとしたら、これを読み返すことは、いまこうして書きながら味わっている喜びを思い出させてくれるだろうし、また、そのように過ぎ去った時をよみがえらせてくれることで、言うならば私の人生を二倍にしてくれることになるだろう。人の思惑にかまうことなく、私はまだ人との交際の魅力を味わうことができるだろうし、老いぼれてしまっても、自分ほど年をとっていない友人と暮らすような調子で、別の年頃の自分と暮らすことになるだろう。

『告白』の前篇や『対話』を書いていた当時は、獲物をねらって倦むところのない迫害者の手からそれを守って、できることなら後世の人々に伝えようと、たえずその方策について思い悩んだものだった。こんどの著作については、もうそのような不安に悩まされてはいない。そんな心配をしてみても仕方のないことはわかっているし、それに、人にもっとよく理解してもらいたいという願望は、私の心のなかで消えはてしまっていて、ほんとうに私の書いたものや、私の身の潔白をあかす証拠など、おそらくはもうすべてが永久に湮滅されてしまっているものの運命については、この心には徹底した無関心しかもう残っていない。人が私のすることを探ろうが、この手稿のことに心を悩まそうが、これを奪い去ろうが、刊行を禁じようが、書きかえようが、今後そういうことは一切どうでもよいことだ。私は隠しもしないし、見せびらかしもしない。かりに生きているうちに奪い取られることがあっても、これを書いたという喜び、その内容の記憶、こうした形に実を結んだ孤独な瞑想、私の魂の消えるときでなければ泉の涸れようのない瞑想、そうしたものは一切奪い取られはしないだろう。はじめて災難に見舞われたころから、運命に逆らわずに、いまのような決心をすることができていたら、人々のいかなる努力も、いかなる恐ろしい陰謀も、すべて私にはなんの効果も持ちえなかったことだろう。いかに策謀を重ねてみたところで、私の安息を乱すことはなかっただろう。それと同じでこれからは、彼らのやることがどんなにうまく行っても、私の安息を乱すことはできはしない。彼らが好き放題私の屈辱を楽しむのは結構だが、その彼らとて、私が身の潔白に喜びをおぼえ、彼らの思惑に反して安らかに生涯を終えるのを、妨げるわけにはいかないだろう。

第二の散歩

こうして私は、およそ人間の立場としてこれ以上奇怪なものは考えられないほど奇怪な立場に置かれた私の魂のふだんの様子を描く計画をたてたのであるが、この企てを実行するには、私の孤独な散歩と、その折々の夢想を忠実に記録するくらい、簡単で確実な方法は見当たらなかった。夢想は、散歩のあいだ、頭をまったく自由にして、想念をなんの抵抗も拘束も加えず好きな方向に流れるにまかせておくと、溢れ出てくるのである。こうした孤独と瞑想の時間だけが、一日のうちで、気をそらされることも邪魔されることもなく、私が十全に私であり、私のものとなる時間であって、自然が望んだとおりの自分だと真に言うことができる時間なのである。

まもなく私は、この計画の実行にかかるのが遅すぎたことに気がついた。私の想像力はすでに以前の生気は持たず、それを呼び起こす対象を眺めても、もはやかつてのように燃え立つことはない。私は夢想の喜びに以前ほど酔いしれない。今後、私の想像の生みだすものには、創造より記憶の回想のほうが多くなる。ふぬけたようなけだるさのために私のあらゆる機能は麻痺し、私のなかで生命力は徐々に生気を失って消えようとしている。私の魂は、いまではもう衰えきった肉の被いの外へ抜けだすのもやっとで、自分にはその権利があると思うからこそ焦がれている境地への希望がなければ、私はもはや思い出によってのみ存在しているにすぎないだろう。それゆえ、老いさらばえる以前の私自身をしっかり見るためには、少なくとも数年は遡って、私がこの世での一切の希望を失い、地上にはもう心の糧を見出せなくなって、心を心自体の成分で養い、心の一切の糧を自分の内部に求めることに徐々に慣れていった時代にまで立ち戻る必要がある。

この方策は、気づくのが遅きに失しはしたが、益することの多い実に有効なもので、やがてすべての償いをするに足るまでになった。自分自身に立ちかえる習慣のついたおかげで、私はついにわが身を不幸と意識することがなくなって、ほとんど不幸だった記憶すら失うまでになり、こうして私は、自分自身の体験から、真の幸福の源泉は私たちのうちにあり、幸福でありたいと願う気持ちの持てる者を本当に不幸にするのは、他人にできることではないということをさとった。愛情豊かなやさしい心の人間が観念のうちに見出すあの内面的な喜悦を、ここ四、五年来、私は常に味わってきた。そのような一人きりの散歩の折、ときおり経験したあの陶酔と恍惚感は、迫害者たちのおかげで得られた喜びだった。まったくのところ彼らがいなかったら、自分のなかにもっている宝を見つけることも知ることもけっしてなかっただろう。こんなに多くの財宝にとりまかれているときに、どうしてその忠実な記録をとることができるだろうか。あれもこれもと数多い甘美な夢想を思い返そうとしているうちに、書きとめることは忘れて、私はまたそのなかにはまり込んでゆくのだった。夢想の追想がよみがえらせるのはある一つの状態であって、その状態は、感受することをまったくやめてしまうと、たちまち認識できなくなるようなものなのである。

私がこうした印象をはっきりと感じたのは、『告白』の続編を書く計画をたてて以後の散歩、とりわけこれから話そうと思う散歩の折のことで、そのときは思いがけない事故が起こって、私の想念の糸筋はたち切られ、しばらくのあいだ別の流れをたどったのだった。

一七七六年十月二十四日の木曜日、私は昼食をすませたあと、ブールヴァール（六）をシュマン・ヴェール通りまで歩き、ここを通ってメニルモンタンの丘にのぼると、そこから葡萄畑や牧草地のなかの小道をたどりながら、シャローヌ村まで、この二つの村の途中にひろがる心地よい風景を横切って行き、そこで回り道して別の道から同じ牧草地のなかを戻りはじめた。気持ちのよい景色をみるといつもおぼえる喜びと興味を抱きながら、喜々として私は牧草地を歩き回り、ときおり立ち止まっては草原のなかのあれこれの植物に眼をこらすのだった。そのなかで、パリ近辺ではかなり珍しい二種の植物に気づいたが、これはそのあたりにはふんだんに見つかった。一つは、菊科のコウゾリナ、もう一つは繖形科のミシマサイコである。この発見に有頂天になった私は長時間、道草を楽しみ、とうとう、なおいっそう珍しい、とりわけ丘陵地ではめったに眼にしない植物、つまりミミナグサを発見したが、これは、その日のうちに私が事故にあったにもかかわらず、たまたま携帯していた本にはさんであったのがそのままあとで見つかり、私の植物標本におさめてある。

　そのほかまだ花をつけている植物はいくつもあり、それは日常見なれ、しじゅう数えているものであるにもかかわらず、姿を見、数えているとやはり楽しくなってきて、片はしから仔細に調べつくしたあとで、ようやく私は次第にそうした細かい観察を離れ、そういったものの全体が与える同じように快い、しかしいっそう感動的な印象に身をゆだねていった。数日前に葡萄の収穫は終わっていた。町から散策に来る人の姿も、すでに見かけられなくなり、百姓たちもまた、冬の農作業まで野良を去ろうとしていた。田野はまだ緑で晴やかだったが、一部ではもはや葉も枯れ落ち、すでに人かげもほぼ絶えて、いたるところ寂寥の色濃く、間近い冬の訪れを思わせるたたずまいだった。それを眺めていると、のどかさと悲しみの入りまじった印象が生じ、それがあまりに私の年齢と運命に似かよっているので、わが身に当てはめずにはいられなかった。いま、私は清らかで不幸だった生涯の果てにたたずんでいる。魂にはいまだに性こりもなく愛情があふれんばかりに息づき、精神にはまだ数輪の花が飾られていても、それは、もはや悲しみのため色褪せ、苦悩のためにしおれはてている。たった一人見捨てられて、私は身のうちに初氷の冷え込みがせまり来るのを感じていた。想像力は涸れはじめ、もう心のままにさまざまなものを作りあげて孤独を賑わせることもなくなっていた。私は溜息をついて考えた。私はこの世でなにをしたのだろう？　生きるために作られてきたのに、生きたこともなく死んでゆく。少なくともそれは私のせいではなかったのだから、私を作りたもうた創造主のもとに善行の供物をささげるのは、人に邪魔だてされて善行を積めなかった以上、無理としても、せめてあざむかれたとはいえ善意の貢物と、報われずじまいであったとはいえ健全な愛情の貢物と、人々の軽蔑に耐えた忍耐心の貢物とは、ささげることになるだろう。こんなふうに考えているうちに、しみじみとした気持ちになり、若いころから壮年期にかけて、また人間の社会から閉めだされてから、これが終《つい》の境涯となるはずの永い隠遁の期間を通じて、私の魂がおぼえた折々の動きをひとしきり思い起こすのだった。私はうっとりとして、私の心が抱いた熱情のすべてを思い返し、あんなにもやさしく、しかしあんなにも盲目だった愛着の数々、ここ数年私の精神の支えになってきた淋しくはあるがそれ以上に慰めになる想念のあれこれ、そうしたものを思い返しながら、なんとかそれをあざやかに思い出して、かつてのめり込んだときとほぼ同じ喜びを味わって描けるようにしようと思っていた。私の午後はそんなやすらかな瞑想のうちに過ぎ、その日一日にすっかり満足して家路についたが、そのとき、夢想の最中に、これから話す事件が起こって、夢を破られてしまった。
六時頃、メニルモンタンの坂の、ギャラン・ジャルディニエ（七）をほぼ真向かいに見るあたりを下っていたとき、突然、前を歩いていた人たちがさっと両側に分かれた、と思う間もなく一頭の大きなグレートデーンがこちらに飛びかかってくるのが眼に入った。犬は一台の四輪馬車の前を全速力で疾駆してきて、私に気づいたときには、もう速度をゆるめようにもわきによけようにも余裕はなかった。とっさの私の判断は、地面に叩きつけられるのを避ける唯一の方法は、ちょうどうまいときに高く跳びあがって、空中に浮いているあいだに、下を犬が通りすぎるようにすることだというものだった。稲妻よりも早くひらめいたこの考えは熟考するひまも実行するひまもなかったが、事故直前の最後の意識だった。衝撃をうけたことも、倒れたことも、そのあと正気をとり戻すまでどんなことがあったかも、なにひとつとして覚えがなかった。

意識をとり戻したときは、もうほとんど夜になっていた。私は三、四人の若者の腕に抱かれていて、その人たちが私の身に起こったことを話してくれた。グレートデーンは勢いをゆるめることもできないでそのまま私の脚に突っこみ、大きな体をはげしくぶつけたため、私は前のめりに倒されたのだ。全身の体重を上顎にかけた格好で頭から、ひどいでこぼこの舗石に打ちつけられたが、下り坂のために、頭が足より下になって落ちたので、よけいひどい倒れ方になったのである。

犬の飼主の四輪馬車はすぐあとに続いていたので、馭者がとっさに馬をひきとめなかったら、私は体を轢かれているところだった。これが、私を抱き起こし、われに返ったときにもまだ支えていてくれた人たちの話から知ったことだった。その瞬間の私の心理状態はあまりに奇妙なもので、ここに書き記さないではいられない。

あたりはますます暗くなってきた。夜空と星がいくつか、それに少し木の葉の緑が眼に映った。この最初の感覚が戻ってきたときは、実に甘美ないっときだった。私はまだそんなことでしか自分を感じていなかった。私はその瞬間に生へと生まれついてゆくところで、眼に映るすべてのものを自分の軽やかな存在が満たしてゆくように思えた。私は完全にいまの瞬間に生きていて、過去のことはなにひとつ思い出さなかった。自分というもののはっきりした自覚はなにもなく、つい先刻わが身に起こったこともまったく理解していなかった。自分がだれなのかも、どこにいるのかも、わかっていなかった。痛みも、恐怖も、不安も感じなかった。自分の血が流れるのを見ても、小川の流れを見ている塩梅で、それが自分の血だなどとはかりそめにも思いさえしなかった。私は全身にうっとりするような安らぎを感じていたが、いつ思い出しても、それに比べられるものは、これまでに知った喜びのどんな形の満足のうちにもなにひとつないような気がする。

どこに住んでいるのかと尋ねられたが、答えられなかった。ここはどこかと私は尋ねた。ラ・オート・ボルヌだという返事だった。それは、アトラス山だ、と言われたも同然だった。私は次々に、いま自分がいるのはどの国の、どの町の、どの界隈なのか、ときいてみなければならなかった。それでもまだ自分がだれだか十分にはわからなかった。自分の家と名前を思い出すのに、そこからブールヴァールまではたっぷりかかった。知らない男の人が親切にしばらく付き添ってくれたが、私がそんな遠くに住んでいるのを知ると、ル・タンプルで辻馬車を拾って家へ帰るように勧めてくれた。私はあいかわらずたくさん血を吐きちらしていたが、ちゃんと軽快に歩けたし、苦痛も傷の痛みも感じなかった。だが、凍るような悪感がして、ぶつけた歯がちがちぶつかり不愉快といったらなかった。ル・タンプルまで来ると、歩いていて別につらくもないので、辻馬車に乗って寒さで死ぬような思いをするよりは、このままずっと歩いて行ったほうがよさそうだと考えた。こうして私はル・タンプルからプラトリエール街(八)までの半里の道のりを、元気なときとまったく同じように、雑踏や車をよけながら、いつもの道を選んで、苦もなく歩き通した。家にたどりついて、通りの入口にとりつけられている秘密の錠(九)をあけ、真暗な階段をのぼり、ようやくわが家に入ったが、犬に倒されたこととそのための怪我を別とすれば、何事もなく、その怪我にしてからがそのときにもまだ気づいてさえいなかったのである。

　私を見た妻の悲鳴で、私は思ったよりひどいことになっていることをさとった。その夜はまだ傷の程度も知らず、痛みも感じないで過ごした。翌日になって感づきわかったことはこうだ。上唇の内側が鼻のところまで裂けていた。外側は皮膚のせいでそれほどひどくならずにすみ、完全に両断されるのを免れていた。上顎の歯が四本、内へ折れ曲がり、その外側は顔が極端に腫れあがって打ち身で紫色、右手の親指はくじけてひどい太さ、左手の親指は大変な傷、左腕はくじけ、左膝も腫れあがっていて、ひどい打ち身で痛くてまったく曲げられない、というていたらくだった。しかし、そんなにどこもかしこもひどくやられたのに、どこも折れておらず、歯一本かけていないのは、あんなひっくり返り方をしたにしては、奇蹟にも近い幸運だった。

　以上、私の事故の顛末をまったくありのままにのべてみた。この話は幾日もたたぬまにパリ中に広まったが、その変えられ方、ゆがめられ方と言ったら、元の事実はなにひとつ認められないくらいだった。こうした歪曲はあらかじめ予期しておくべきだったのだろう。それにしても、これにはやたらと奇妙な尾ひれが加わった。なにかにつけあいまいな話をからめたり、わざと言い落としたり、私にその話をするときのみんなの態度は滑稽なくらい慎重になるので、私にはそうした謎めいたところがすべて不安になってくる。私はつねづね闇を毛嫌いしていて、生まれつきひどく怖いのだが、こんなに長年私のまわりにめぐらされてきた闇も、どうやらこの恐怖心を減少させなかったらしい。そのころ、実にいろんな奇妙なことがあったが、そのうち一つだけあげておくことにしたい。これだけで十分ほかのことは推察されることだろう。

パリの警視総監ルノワール氏（一〇）は、それまでなんの縁もなかったのに、秘書をよこして私の近況をたずねさせたうえ、ぜひとも役立つことをさせてほしいと申し出たが、このさいそんなことはたいして私を慰める役に立つとは思えなかった。秘書氏はこの申し出を役立てるようしきりに勧めてやまず、あげくのはてには、もし自分が信用できないなら、直接ルノワール氏に手紙を書いてもらってもよいとまで言った。こうも熱心に出られた上に内緒話めいた様子もされてみれば、すべてこうしたことの裏になにか怪しげなものが隠されていることはわかるが、いくら考えてもそれがなにかは突きとめられなかった。私をおびえさせるにはなにもそんなにまでしなくてもよかったのだ。とりわけそのときは事故にあったあとだし、熱も出ていて、私の頭はすっかりかき乱されていたのだから。私はやたらに推測をたくましくしては不安で不吉なことを考え、身のまわりで起こることすべてに解釈を加えたが、それはどちらかというと熱にうかされた妄想特有の徴候で、もう一切のことに関心を持たなくなった人間の冷静さを示すとはとても思えなかった。

そこにまた別の事件が起こって、今度という今度こそ、私の平静は完全に乱されてしまった。ドルモワ夫人（一）は何年か前から私につきまとっており、その理由が私にはわかりかねていた。ちょっとしたものをもっともらしく贈物にくれたり、別に用もなく楽しそうでもない訪問が度重なると、そうしたことにすべてひそかな目的のあることは十分察せられるのだが、それがなにかはわからなかった。夫人は王妃に献呈するために書こうとしている小説（二）の話をしたことがあった。私は女流作家というものについての私の考えをのべた。夫人のにおわせたところでは、この計画の目的は家運の再興にあって、そのための後楯がほしいのだった。これには答えるべき言葉がなかった。その後、私に語ったところによると、彼女は王妃に近づく手づるが得られなかったので、その本を公刊することにした。そうなるともう忠告などは問題外で、彼女もまたそんなことを求めていたわけではないし、忠告しても従いはしなかっただろう。彼女は出版する前に私に原稿を見せると話したことがあった。私がそんなことは一切してくれるなと頼むと、彼女のほうでもそういうことはまったくしなかった。

　ある日、怪我の予後を養っていたあいだのこと、夫人からすっかり刷り上がって製本までされた件《くだん》の本が届いた。見ると序文で私のことが露骨に誉めそやしてあって、それがまた不快なまでにわざとらしく、なんとも気取ったものだったので、私はすっかり気分を害してしまった。そこに看取されるこれみよがしの追従は、好意とはおよそ無関係で、私の心がそんなことで思い違いするはずはない。

　数日後、ドルモワ夫人は娘を連れて会いに来た。彼女の話によると、彼女の本は大変な評判を博している由で、そんなことになったのは彼女がつけたある注のためという。私はこの小説をざっと流し読みしただけで、そんな注にはほとんど気もつかなかった。ドルモワ夫人が帰ってからその注を読み返し、言い回しを調べてみて、私はそこに、彼女の度重なる訪問、へつらい、序文の露骨な讃辞などの動機が見出せると思った。私の判断では、こうしたことはすべて、読者にこの注が私の筆になるものと思わせ、したがってそれが公表された場合、筆者に降りかかるかもしれない非難を私に転嫁するのが目的で、それ以外に考えようはなかった。

私にはこうした噂や、それが人に与えそうな印象を打ち消す手段は一つもなかった。私にできることといえば、ドルモワ夫人とその娘の別に用もないこれみよがしの訪問をいつまでも我慢して噂の種を提供し続けるのを止めるくらいのことだった。そこで私は母親宛に次のような短い手紙を書いた。

「私儀、ルソーこと、著作家のみなさまと自宅で会うことは一切止めておりますにつき、ドルモワ夫人のご好意はかたじけなく存じますが、今後、ご来駕の栄をたまわりますことは平にご遠慮申しあげます。」

彼女のよこした返事は、形式的には申し分のない丁重なものだったが、こういう場合に人々のよこした手紙のすべてに共通な似かよった文面のものだった。私は彼女の感じやすい心に残酷無惨に短刀を突きさしたわけで、手紙の語調からすると、彼女は私に対して本当に激しく真摯な愛情を抱いているので、死にでもしないかぎりこの絶交には耐えられないと思わざるをえなかった。このように、何事によらず正直と率直は、世間ではおそろしい罪悪なのであって、だからこそ、私が同時代人の眼からみて、彼らのようにずるくもなく不実でもないという罪しか持っていなければ、彼らには極悪非道な人間と映るのである。

すでに幾度となく外出し、チュイルリー公園にそれもかなりよく散歩に行きだしたころになって、出会う人が何人も眼を丸くするのをみて、私は知らないが、なにか私についての噂がほかにもまだ流れているらしいことをさとった。ようやく知りえたところによると、世間の噂では私は転んだのがもとで死んだことになっていた（一三）。この噂がまた瞬く間にひろまり、しかもそのしつこさといったら、私がそのことを知って二週間以上たったころになっても、国王自身と王妃がそれを確実なこととして話したくらいだった。手紙でわざわざ人が教えてくれたところによると、『アヴィニョン通信』はこのめでたいニュースを報じたついでに、この機会をのがさず、みんなが弔辞の形で死後の私の名声にささげようとしている屈辱と凌辱の貢物を、早手まわしに記載してみせた（一四）。

　この情報にはまだもっと奇妙な事実がくっついていた。もっとも私がそれを知ったのはまったくの偶然にすぎず、しかも詳しいことはなにひとつとして知りえなかったのだ。それは、私の家で見つかるはずの遺稿出版に対する予約受付が、この噂と同時に開始されたということである。そのことから私には、私が死んだらさっそくにも私のものだとする目的で故意に偽造された原稿が著作集の形にまとめられ用意されていることがわかった。というのも、実際に原稿の見つかることがあるとしても、その一つでも忠実に印刷されると考えるのは、とてもまともな人間の頭には思いつけないばかげたことで、それは十五年の経験から、いやというほどわかっていたからである。

　こうして次々といろんなことに気がつき、ほかにもたいていはこれに劣らず驚くべきことがどんどんわかってくると、衰えたと思っていた想像力がまたしても不安におののかされた上に、身のまわりにいやましに濃くはりめぐらされてゆく漆黒の闇が、生まれつき闇に弱い私の恐怖心をすっかりかきたててしまった。こうしたことすべてにあれこれ解釈を加えようとし、私に説明のつかないように仕組まれた秘密を解こうとして、私は疲れ果てた。こんなに謎は多くとも答えは一つと決まっていて、それはかねてからの私の結論をことごとく確認することにすぎなかった。つまり、私の今後の身の上と声価の成り行きは、いまの世の人々が全員一致で定めてしまっていて、私がいかにあがいたところでその宿命を逃れる術はないのだ。というのも、後世にいかなるものを委託しようとするにせよ、それを湮滅したがっている人々の手を経ることなく、その時代まで伝えることは、私には不可能だからである。

しかし今度ばかりは、私もさらに深くつっこんでみた。こんなにたくさん偶然の事情が重なっていること、私のいちばん残酷な敵たちがみんな運命にひきたてられるかのようにどんどん出世すること、国の統治者、世論の指導者、高位高官、権勢家といった、私になんらかの敵意を隠し持つ人々のなかのいわば粒よりの連中が、こぞって共同謀議に加わっていること、こんなになにもかもが一致するということは、まったくの偶然とするにはあまりに異常すぎるではないか。この陰謀に加担することを拒む人間がただの一人でも出ていれば、陰謀に不利な事件がただの一つでも起こっていれば、それを阻害する予期しえない事情がただの一つでも生じていれば、陰謀を挫折させるに足りた。しかし、すべての人の意志が、すべての必然が、宿命が、そして事態のすべての変遷が、よってたかって連中の仕業をゆるぎないものにしてしまった。こんな鮮やかな符合は奇蹟みたいなもので、こうなると私には、彼らの仕業が完全に成功することは、永遠の神意の予定したまうものである点を疑うことができなくなってしまうのである。過去における、あるいは現在における、数々の個人的な観察に照らしてみても、この考えがたしかに当たっていると思うようになったので、これまでは人々の悪意の生みだしたものとしか見てこなかったこの同じ所業を、今後は人間の理性にはうかがい知れない天の秘密の一つとみなさないわけにはいかないのである。

この考えは、私にとって、残酷でも悲痛でもないどころか、むしろ私に慰めと安らぎを与え、私をあきらめの境地にいざなってくれる。私は聖アウグスティヌスほどは徹底できない。彼ならそれが神の意志とあれば、地獄に落とされても心を慰めたであろうが。私のあきらめは、たしかにそれほど無欲無心な源から発するものではないが、彼のものに劣らず純粋であり、私の考えでは、私のあがめる完全な存在にいっそうふさわしい。神は正しい。神は私が苦しむことを望んでおられる。そして神は私に罪のないことをご存じである。これが私の信頼の動機だ。私の心情と理性は、この信頼にあざむかれる心配はないと叫ぶ。それゆえ、人々と運命には好きなようにさせておこう。不平を言わずに耐えることを学ぼう。すべては結局は秩序に復するはずであり、遅かれ早かれ、私の番がやってくるだろう。

第三の散歩

私はつねに学びつつ老いてゆく。（一五）

ソロンは年老いてからこの詩句をよく繰り返したものだった。この詩句には、私もわが老年においてこう言ってよいような意味がある。しかし、この二十年の経験で私が得た知識は、まったくつらい知識で、知らないほうがまだましなくらいだ。逆境はたしかに偉大な師ではあるけれど、高い授業料を払わせる上に、しばしばその教えから得られる利益は、かかった費用に見合わない。その上こんなに授業に時間がかかっては、こういう知識をすっかり身につける前に、それを活用する適当な機会は過ぎ去ってしまう。青年期は知識を学ぶ時であり、老年期はそれを実行する時である。経験はつねに勉強になる、それは私も認める。しかし経験は、それから先の人生にしか役に立たない。死ななければならないいまごろになって、いかに生きるべきであったかを学んでいて、いいものだろうか。

ああ、こんなに遅まきに、こんなに苦しい思いをして、自分の運命や、それを作りあげた他人の心の動きが、いろいろとわかっても、私にとってなんになろう。人間がいままでよりよくわかるようになったものの、彼らに陥れられた悲惨な境遇がいっそうよくわかるようになっただけの話だった。そんな知識が得られたおかげで彼らの仕掛ける罠がすべてはっきり見えるようになって、その一つでも避けることができたのなら話はわかるが、そんな具合にはいかなかった。あんなに永い年月のあいだ、口達者な友人たちの餌食となり慰みものとなって、彼らのあらゆる陰謀にとりまかれながら、そんなことをつゆ疑ってもみなかったあの生ぬるくはあるが心地よい信頼のうちに、どうして私はいつまでもとどまっていなかったのだろうか。私はたしかに彼らにだまされていたし、犠牲者だった。しかし彼らに愛されていると思っていたし、心は彼らに覚えた友情を楽しみ、彼らも私に対して同じくらい友情を持ってくれているものと思っていた。この甘美な幻想はついえた。時の経過と思慮の働きで、あばき出された忌まわしい真実を知るにつけ、つくづくわが身の不幸を感じさせられたが、もうこの不幸には手のほどこしようはなく、ただあきらめて忍従するしかないことも思い知らされた。そういうことで、この年になっての経験はすべて、こういう境遇にある私にとって、いまの役にも立たなければ、将来の利益にもなりはしない。

私たちは生まれると競技場に入り、死ぬとそこから出て行く。コースも終わりに近いころになって、二輪馬車を操縦する腕を上げたところでなんの役に立とうか。もうこのときになって考えるべきことは、どのようにしてそこから退場するかということしかない。老人にまだ勉強しなければならないことが残っているとすれば、それはひとえに死に方を学ぶことであって、しかも、これがまさに私の年頃の人間のいちばんなおざりにしている勉強なのである。この年頃の人間はあらゆることを考えるくせに、このことだけは怠っている。老人はだれしもみな、子供以上に生に執着し、青年よりずっと不本意そうにこの世を去る。それというのも、彼らの苦労はすべて、まさにこの生のためであったので、人生も終わりになって骨折り損であったことをさとるからである。心にかけてきたすべてのこと、一切の財産、徹夜の精進の一切の成果、そのすべてを彼らはこの世を去るとき捨てて行く。死に臨んでたずさえて行けるものを、彼らは一生を通じて、なにひとつとして手に入れようと考えてみなかったわけである。

　私はこんなことはみな、考えるべきときに考えた。こうした反省をもっとうまく活用できなかったのは、適当なときに反省をしなかったからでも、それをしっかり消化して身につけなかったからでもない。子供のころからすでに世の荒波に投げこまれて（一六）、自分がこの世で生きてゆくようにはできていないこと、ここでは自分の魂が必要と感じているような状態にはけっして到達できないであろうことは、早くから経験で知った。そこで私の熾《さか》んな想像力は、人間たちのあいだに所詮見つかるわけのなさそうな幸福を求めるのは止め、まだはじまったばかりの人生のひろがりを、自分には無縁な土地とでもいった具合に、早々ととび越して、わが身を落ち着けることができそうな静かな境地に憩おうとするのだった。

　この感情は、ごく幼いころから教育によってはぐくまれ、連綿と続いてわが生涯を埋めつくした不幸と災厄のために、一生を通じて強められていった。そのため私はいつの時期にもちょっと他の人には見たためしのないほどの強い関心と注意をこめて、自分という人間の本性や使命を知ろうと努めることになった。私は、私よりもはるかに学問的に哲学を説く人は大勢見てきた。しかし彼らの哲学は言うならば彼らとは無縁のものだった。彼らの望みは他の人たちより物知りになることだから、宇宙を研究するにも、まるでたまたま眼にとまったなにかの器械でも研究するような塩梅で、まったくの好奇心から、宇宙がどんな配置になっているかを知ろうとするのだった。彼らが人間の本性を研究するのも、それについて物知り顔に話せるようになりたいためで、自分を知りたいためではなかった。

勉強するのは人に教えるためで、自分の心のなかをはっきりとさせるためではなかった。彼らの多くは本を書くことだけが望みで、それが世間受けしさえすればどんな本でもよかったのだ。自分の本ができ上がり出版されてしまえば、それを人に認めさせたり、それが攻撃されて弁護するときは別として、本の内容にはもはや一切関心を示さないばかりか、自分の役に立てるためになにかをそこから引き出そうとすることもなく、論駁されないかぎり、内容の真偽など気にかけさえしないのだった。私はというと、私が学びたいと思った場合は、自分自身が知りたかったからで、人に教えるためではなかった。私はいつも、人に教える前にまず自分のために十分のことを知る必要があると信じてきたし、生涯、人々のあいだでしようとしてきた研究にしても、かりにどこかの無人島にとじこめられて余生を過ごしたとして、そこでたった一人ででも、やはり同じようにやってのけただろうと思えるものばかりで、そうでないものはほとんどないのだ。人間なにをなすべきかは、なにを信ずべきかに多分にかかっており、自然の基本的欲求にかかわることをのぞけば、どんなことにおいても、われわれの見解がわれわれの行為の規範なのである。この原則をつねに自分の原則としてきた私は、これにもとづいて自分の人生の使い方を定めるために、しばしば永い時間をかけて人生の真の目的を知ろうと努めたが、やがて、この世ではそういう目的を追求すべきでないとさとるにいたり、うまくこの世で立ちまわる能力のないことをつらく思わなくなった。

私は健全で敬虔な気風の家庭に生まれ、その後は思慮深く信仰篤い牧師(一七)の家でやさしく育てられるなかで、ごく幼いころから道徳律とか戒律とか、他の人たちなら偏見と言いそうなものを植えつけられたが、こうしたものはけっして完全には私から抜けきることはなかった。まだ子供のころに一人きりでほうり出された私は、やさしい言葉にひかれ、虚栄心にまどわされ、希望にあざむかれ、必要にもせまられて、カトリック信者になった。しかし依然としてキリスト教徒であることにかわりはなかったのだが、ほどなく私の心は習慣に負けて、この新しい宗教に本心から帰依するようになってしまった。ヴァランス夫人の教えと手本がこの帰依を固めた。（一八）若い盛りを田舎で孤独のうちに過ごしたのと、すぐれた本を一心に打ちこんで研究したことで、生来愛情細やかなたちの私の性分は、夫人のかたわらでますます強まり、私はほとんどフェヌロン（一九）流の信心家になった。世間から離れて瞑想にふけり、自然を研究し、宇宙を観想していると、どうしても孤独者の心はたえまなく造物主へと天翔け、快い不安にかられて眼に映るものすべての目的、感じとるものすべての原因を探求せずにはいられなくなる。運命によってふたたび世の激流に投げこまれたとき、一瞬なりと私の心を楽しませてくれるようなものは、もうそこには一つとして見出せなかった。どこに行っても、あの楽しかった呑気なころをなつかしむ気持ちが捨てられず、手近にあって出世や名誉につながりそうなものには一切関心が持てないで、嫌悪を感ずる結果となるのだった。いらいらする欲望ばかりがあって求めるものがなにか定かにわからず、私は期待もほとんど抱かなかったが、それ以上に得たものは少なかった。成功のうすら日がさしこんだときでさえ、自分が求めていると思っているものをことごとく手に入れたとしても、私の心が飢えるようにして、対象も定かでないままに求めているような幸福は、そこには見当たらないのではないかという感じがした。こうして、不幸な目にあってこの世とまったく縁の切れた存在となる前でさえ、一切のものがこの世から私の愛着をひき離すように働いていたわけだ。私は貧窮と富の、分別と錯乱のあいだをただよいながら、四十の年を迎えるまでになった。心にもともと悪い性向は一つもないのに、習慣から身についた悪癖はいっぱいで、理性で定めた明確な指針のない行き当たりばったりの生き方をして、義務をないがしろにするわけではないが、そのなんたるかをわきまえていない場合が多く、そういうことには上の空といったありさまだった。

　若いころから私はこの四十という年齢を、出世のための努力をやめて、あらゆる種類の野望に終止符を打つ時期と定めていた。その歳になったら、どんな境遇にあっても、そこから抜け出ようともがくことはもうやめて、先のことはもう思いわずらうことなく、その日その日で余生を過ごそうと、きっぱり決心していた。その時が来ると、私はあっさりとこの計画を実行に移した。そのころ、私の身の上はいままでより安定した形になりそうにみえたが、私はそんなものは未練なく断念したばかりでなく、心から喜んであきらめさえした。すべてこうしたまやかしの罠、空しい望みから身を解き放った私は、なに思いわずらうこともない安息した気分にすっかり浸りきった。これこそ、つねに私の何よりも強い好みとなり、いちばん変わることのない性癖となったものだった。私は上流社会とその華美を離れた。一切の身の飾りを捨てた。剣も、時計も、白靴下も、金の飾りも、ちぢれ毛のかつらもやめ、ごく簡単なかつらと丈夫で質素なラシャの服を着るだけにして、そればかりでなく、自分の見捨てる一切のものをありがたく思うのは欲望や物欲のせいなのだから、そういう気持ちもすっかり自分の心から根こそぎにしてしまった。私はそのころついていた勤め口（二〇）をやめた。その仕事は私にはまったく不向きなものだったのである。そして一頁いくらで楽譜を写しはじめたが、この仕事は前々から私にはすっかり気に入っていたものだった。

　私は自己改革を外面的な事象に限定しなかった。私はこの改革自体が、もう一つ別の改革、たしかにいっそうつらくはあるが、いっそう必要でもある考え方の改革を要請していると感じた。そこで即座に決意して、自分の心のなかを厳重な点検にかけ、これからの人生を心の規正に費やし、死ぬときにも望みどおりの心境でいられるようにしようと企てた。

私のなかで起こったばかりの大変革、私の眼に姿をあらわしはじめたもう一つ別の精神世界、先になってどれほどその犠牲になるかはまだ予想できなかったものの、馬鹿らしさは感じはじめていた人々の常軌を逸した判断、その瘴気《しょうき》にふれたとたんにもううんざりしてしまった文学的虚名などでない、もっと別の幸福を求めて日増しにつのってゆく欲求、最後に、今後の人生のために、これまでその半ば以上を過ごしてきた道とは違って、もっと不確実でない道をひらきたいという願望、こうした一切のことが、前々から必要は感じていたこの大々的な点検を、私の心に強いるのだった。そこで私はこれにとりかかったが、これを立派にやりとげるため、自分にできることはなにひとつなおざりにしなかった。

私が完全に世を捨て、孤独を強く好むようになったと言い切れるのは、このころからのことで、そのとき以来、この気持ちはもう私を離れたことがない。私が企てていた仕事は、完全な隠遁生活においてしか仕上げられないものだった。それには長時間の静かな瞑想が必要で、そんなことは社会生活の喧噪のなかでは許されるわけがない。このため、私はしばらくのあいだ、これまでとは別の生き方をしなければならなくなったが、やがてこれがすっかり気に入り、それからはやむをえずほんの少しのあいだ中断したことはあっても、事情さえ許せばすぐに喜んでその生活に戻り、苦もなくそこに徹してゆくのだった。だから、のちに人々が私を一人きりで生きるはめに追いこんだとき、彼らとしては私を孤立無援にして不幸にさせてやろうという心づもりだったのだろうが、その実、私の幸福のために私自身ではとうていできないほどのことをしてくれたことになったのである。

私は自分の企てた仕事に熱心に打ちこんだが、その熱意は問題の重要性とも、私がそれを必要と感じている必要性とも見合ったものだった。当時私は、古代の哲学者とはほとんど似たところのないいまの世の哲学者たちと一緒に暮らしていた。彼らは私の疑問を晴らしたり逡巡に決着をつけてくれるかわりに、私にとってなによりも知ることが肝要な問題点について私が持っていると思っていた確信まで、すっかりぐらつかせてしまった。というのも、無神論の熱心な吹聴者で強引な独断論者である彼らとしては、どんなことについてであろうと、人が彼らと別な考え方をするなどはもってのほかで、そんなときにはかならずかんかんになったからである。私は論争が嫌いで自説をつらぬく才能にも欠けているから、自説をあまりはかばかしく守りきれないことが多かった。しかしけっして私は彼らの嘆かわしい所説をとり入れたことはなかった。これほど寛容に欠け、しかも彼らなりの目論見を持つ連中に抵抗したことは、彼らの敵意をかきたてた原因の、けっして小さくない一つだった。

彼らは私を説き伏せることはできなかったものの、不安には陥れた。彼らの議論にけっして納得はしなかったものの、動揺はした。うまい反論は思いつかなかったものの、それがあるはずだと感じてはいた。自分の誤っているのが情けないというより、自分の無能が情けなかった。心のほうが理性より彼らの議論にずっとうまく反論していた。

とうとう私はこう考えるにいたった。私はあの口のうまい連中の詭弁に永久に翻弄されるがままになっているのだろうか。彼らの説く意見、あれほど熱を入れて他人に押しつけようとする意見が、本当に彼らのものなのかどうかさえ確信が持てないくらいであるのに。彼らの見解を支配している偏見、あのことこのことを信じさせようと目論む彼らの利害心、それやこれやで、彼ら自身がなにを信じているかなど知りうるわけもない。党派の領袖に誠意を求めたりできるだろうか。彼らの哲学は他人のためのものだ。私には自分のための哲学が必要だ。まだ間にあうあいだに、今後の人生にしっかりした行動の規範が持てるよう、力の限りをつくして、その哲学を探すことにしよう。いま私は壮年期で、悟性のいちばん充実した時期にある。すでに私は人生の下り坂にかかろうとしているのだ。これ以上待っていたら、時間のかかる私の内省にもう持てる力のすべてを活用することはできなくなるだろう。私の知的能力が活力を失ってしまってからでは、いまなら最善をつくしてできることが、そううまくはできなくなるだろう。この好機をとらえよう。いまは私の外面的実際的改革の時。これを、私の知的精神的改革の時ともしよう。ここできっぱりと自分の考え、自分の原則を定め、これからの生涯、自分でよく考えてみてかくあるべしと思うような、そういう人間になることにしよう。

私は時間をかけて何度もやり直しながら、しかもできうるかぎりあらゆる努力と注意を傾注して、この計画を実行した。これからの人生の平安も、私の運命の全体も、この計画の実現にかかっていることをひしひしと感じた。計画実行の当初から、さまざまな障害や困難、異論、曲折、暗闇の入りまじる迷宮にはまりこんだ形で、何度となくすべてを放擲したくなり、空しい探求に見切りをつけ、内省においては世間並みの慎重という規範だけにたよることにして、解明にこれほど苦労しなければならない原則のなかに規範をこれ以上求めるのは、よほどやめようかと思った。しかし、そうした慎重さそのものが私にはまったく無縁であるし、そんなものを身につけるのはまったく自分の柄には合わないという気もしていた。だからそれを水先案内にするなどということは、大海原で嵐のなかを、舵も羅針盤もなしに、ほとんど近よることもできなければ、またどこの港への道しるべになるでもない燈台を探そうとするのに変わりなかった。

　私は執拗にがんばった。生まれてはじめて勇気をふるい起こした。そのころから少しも知らないうちに私をとりまきはじめていた恐ろしい運命に、私が耐えることができたのは、この計画の実現に成功したおかげである。おそらくこれまでどんな人間も行なったためしがないほどの熱心で真剣な探求を重ねた末に、私は自分がどうしても意見を持つ必要のある問題のすべてについて、生涯こう考えていくという決定を行なった。たとえ結果は間違っていたかもしれないにせよ、少なくともその誤りはとがめられるべきものではないと信じる。私は誤りを犯さないようあらゆる努力を払ったのだから。幼年時代からの偏見や内心のひそかな願いが、私にとって心休まる側に天秤を傾かせたことは、まったくのところ、間違いないと思う。これほど熱心に願っているものを信じないようにするのはむずかしいし、それに、来世についてのいろいろな考え方を認めるのが得か、認めないのが得かということが、大多数の人間の信仰を、彼らの望みや恐れに応じて定めていることをだれが疑えようか。こうしたことのすべてに私の判断がまどわされたかもしれないということは、私も認めるが、私の誠意が損なわれるということはありえなかった。私は何事についてであれ、間違いを起こすことを恐れてきたからである。もし、一切がこの人生の活用の仕方にかかっているのだとしたら、なんとしてでも私はそれを覚えて、まだ時間のあるうちに、少なくとも私にできるかぎりで最善の活用をして、完全にだまされたりしないようにする必要があった。しかし、私の折々の心境で、この世で私がいちばん恐れなければならなかったのは、大きな価値を持つとは一度も思ったことのないこの世の幸福を享受するために、自分の魂の永劫の運命を危険にさらすことだった。

さらに白状すれば、私がこうして困惑させられた難題は、わが哲学者たちに耳にたこのできるほど言いつのられたものだが、すべて満足がいくようにいつも解消できたわけではなかった。しかし、知性ではほとんど手がかりもつかめない問題について、ともかく態度を決める決心をした私は、いたるところでうかがい知れない神秘と解決しがたい異論に出くわしたものの、一つひとつの問題ごとに、直接的にいちばんしっかり立論されていて、それ自体いちばん信用できそうに思える意見を採用して、自分では解決できない異論でも、対立的な理論体系によればそれに劣らず強力な他の異論によって反駁されているようなものは、ほうっておくことにした。こうした問題について独断的な口調をとるのは、いかさま師だけにふさわしいことだ。だが、自分のために意見を持つということ、それを可能なかぎりしっかりとした判断力のすべてを生かして選択するということ、これは大切なことである。それでもまだ誤りに陥るとすれば、私たちにそのため罪はないのだから、理の当然として、私たちがそのため罰を受けることはありえないだろう。以上の揺るがぬ原則のおかげで、私の安心立命にはしっかりとした基礎があるわけだ。

私のつらい探求の成果は、その後『サヴォワの助任司祭の信仰告白』〔二一〕のなかに書きとめたものとほぼ同じものだった。この作品はいまの世の人々から不当におとしめられ辱しめられているが、いつの日か、人々のあいだに良識と誠意のよみがえることがあれば、そこに革命をひき起こす可能性はある。

そのとき以来、これほど永いあいだ思いをこらした瞑想のあとで採用した原則によって安心を得た私は、こうした原則を行動と信仰の不動の規範として、それまで解決できなかった異論にも、前には予想できなかったものでそのころになってときどき思いうかぶようになった異論にも、もはや思いわずらわされることはなくなった。そのためときとして不安になることはあっても、けっして気持ちの揺らぐことはなかった。私はいつもこう考えるのだった。こうしたことはみんな屁理屈にすぎず、形而上学的な瑣末な議論にすぎない。私の理性が採用して心が確認した基本原則、すべてが心に偏見の波のおさまっているときに内面の同意を得た印章を押されている基本原則に比べれば、そんなものはなんの重みも持ちはしない。人間の理解力をはるかに越えた問題においては、私に解決できない異論が一つくらいあったとて、そんなものによって、これほど堅固な見解の全体系が、あんなに思考をこらし注意を払ってこれほど緊密で見事に作りあげた見解、これほど私の理性、心情、存在全体にぴったり適合していて、他の一切の見解には欠けていると思える内面の同意によって裏打ちされた見解の全体が、くつがえされることなどあるだろうか。いや、私の不滅の本性と、この世界の構成と、そこを支配しているのがわかる自然の秩序との、その三者のあいだに認められる一致が、空虚な議論によって壊されることはけっしてないだろう。その一致に、つまり、自然の秩序と対応し、私が探求の末に体系にまとめあげた精神の秩序のうちに、私は自分の苦難に耐えるため必要な支えを見出している。他のどんな体系においても、私はなんの方策もなく生きてゆくことになり、希望も持てずに死ぬことになるだろう。私は被造物のなかでいちばん不幸なものとなるだろう。だから運命や人間がどうあろうと、それだけで十分私が幸福になれる体系以外には眼をくれないことにしよう。

こうした熟考とそこから私がひきだした結論は、待ちかまえている運命に私を備えさせ、それに耐えられるようにするために、ほかならぬ天みずからによって申し渡されたもののように思えないだろうか。私はどうなっていたことだろう、これからもどうなることだろう――私は待ちかまえていたあんな恐ろしい苦悩のさなかに、また、これからの生涯を過ごさなければならなくなったこんな信じられないような境遇のなかで、もし、執拗非情な迫害者から逃れられる隠れ家もなく、この世で彼らになめさせられる屈辱を償ってくれるものもなく、当然認められてしかるべき名誉をいつか回復できる見込みもないままに、およそこの地上で人間の経験したなかでもっとも恐ろしい運命に、身も心も完全に委ねられていたとしたら。無邪気に安心しきって、人々が自分に敬意と好意を持ってくれているものとのみ思いこんでいたときに、またあけひろげで人を信じやすい私が、友人や兄弟に胸襟をひらいて接していたときに、裏切者たちは、地獄の底で作りあげた罠でこっそり私をからめていたのだ。あらゆる不幸のうちでもいちばん思いがけなく、しかも誇り高い魂にとってはいちばん恐ろしい不幸にふいに見舞われ、だれがなぜそんなことをするのか皆目わからないまま泥のなかにひきずりこまれ、屈辱の淵に突き落とされ、すかして見えるのは不気味なものばかりの背筋の寒くなる闇にとりまかれた私は、最初の不意打ちで打ちのめされてしまったが、もし前もって倒れても立ちあがる力をたくわえておかなかったら、こうした思いがけない不幸のために陥った意気銷沈した気分から立ち直れなかったことだろう。

何年も悩みに悩んだ末にはじめて、ようやくわれに返り、反省をはじめたとき、逆境にそなえて身につけてきた方策のありがたさを私はつくづくとさとった。判断を下す必要のあるすべての問題についてしっかり考えを定めた上で、自分の準則をその場の状況に当てはめてみると、人々の常軌を逸した判断やこの短い人生のささいな出来事に、自分が実際よりもはるかに大きな価値を与えていることがわかった。人生は試練の状態にほかならないので、そこからその本来果たすべき効果が出て来さえすれば、それがどんな種類の試練かなどということはあまり問題でなく、したがって、試練が大きく、強烈で、度重なるほど、それに耐えることができるということは、それだけ自分のためには得なのだということもわかった。どんなに激しい苦しみでも、それに対する大きく確実な償いを見出す人間には、力を発揮できない。そしてこの償いに対する確信こそ、私が先のような瞑想を重ねて得た主要な成果だった。

いたるところから数限りなく侮辱をあびせられ、度はずれなひどい仕打ちを受けていたさなかには、もう参ってしまって、時折、不安と疑惑にかられる時期が来、希望がゆらぎ、平静を乱されることもあったのは事実である。解決できないでおいてあった強力な異論が、そういうときには一段と迫力を増して頭を去来し、まさに私が運命の重荷に耐えかねて、意気沮喪しかかっているそういうときに、私を完全に打ちのめそうとするのだった。そういう議論もあると耳にしていた新奇な議論が何度も頭に浮かんで、前から私を悩ませてきた議論を援護したものだ。そういうとき、胸が締めつけられ息がつまりそうになって、私は思うのだった。ああ、もしも私が、こんなに恐ろしい運命に翻弄されて、理性の供してくれた慰めのなかに妄想しか見なくなってしまうとしたら、もしもまた、理性がこんなふうに自分で自分の作ったものをぶちこわし、逆境にある時も残しておいてくれた希望と信頼の支えをすっかりくつがえすとしたら、一体だれが私を絶望から守ってくれるだろうか。この世で私一人だけの慰めとしかならない幻想など、なんの支えになるだろう。いまの時代の人々はみんな、私が一人心の糧としている考え方には、誤謬と偏見しか認めず、私のものとは対立する体系に真理と明証を見出していて、私が自分の体系を本心から採用しているのが信じられないようにさえ見える。そして私自身、心の底からこの体系に従いながら、克服しがたい難題に突き当たっている。それは私には解決することは不可能だが、それでもなお私がこの体系に固執する妨げにはならない。では人類のなかで、私一人が賢明であり見識を持っているのであろうか。物事がこうであると信じるには、それが自分に好都合だというだけで十分なのだろうか。他の人々の眼にはなんら確実なところがないように見え、私自身にも、もし私の心情が理性を支えていなかったら、幻想のようにさえ思えそうな、そんな外観を、はっきりと信用してよいものだろうか。迫害者たちの準則をとり入れて対等の武器で彼らと闘ったほうが、自分の準則という妄想にこだわって、彼らの攻撃を押し返す行動に出もしないで、なす術もなくその餌食になっているよりよかったのではないだろうか。自分では賢者だと思っていても、その実、むなしい妄想にだまされている男、その犠牲者、被害者にすぎないのではないか。

こんな疑惑と不安にさいなまれた折々には、幾度、捨鉢な気持ちに陥りそうになったことか。かりにもまるまる一月こんな状態で過ごすことがあったら、私の一生も私も確実におしまいだったろう。だが、そういう危機は、以前はかなり頻繁だったけれども、いつも短期間だったし、まだ私は完全に放免されたわけではないものの、いまではごくまれに見舞われるだけで、またたく間に過ぎ去るようになり、私の安息をかき乱す力さえなくなっている。それはごく軽い不安で、川に落ちた一枚の羽毛が水の流れを変えることなどありえないのと同じく、私の魂に影響を及ぼしはしない。前に態度を定めておいた問題点をあらためて検討し直すのは、かつてそれを研究していたころにはなかった新しい知識なり、しっかりした判断力なり、真理に対する前にもました情熱なりを私が持っていると考えるということである。しかし、私の場合はそのどれでもないし、またあるはずもないから、どんな立派な理由をもってしても、絶望に打ちひしがれているときには魅力的に思えるが、結局は私のみじめさをつのらせるだけにすぎないような考え方を採って、壮年期の、精神が円熟盛りであったころ、考えに考えぬいて検討した末に、しかも平穏な生活を送っていたため真理を知ろうとする以外にいかなる大きな関心も生じようのなかった時期に、私の採り入れた考えを、捨て去ることなどありえない、というのが私の感じたことだった。心は悲痛の思いに締めつけられ、魂は苦悩に打ちのめされ、想像力はおびえきり、身辺をとりまくかくも多くの恐ろしい謎に頭も混乱してしまっているいまごろ、老齢と心痛のために衰えきった躰の機能が、どこもかしこもすっかり活力を失ってしまったいまごろになって、これまで蓄えてきた頼りの手だてを一切考えなしにかなぐり捨てるような真似を私がするだろうか。充実して力強かったころの理性を信じて、いわれない苦労に泣いた不幸の償いをつけるかわりに、衰えかけたいまの理性を信用して、自分を不当に不幸にしてしまうような真似を私がするだろうか。否。私はこうした大問題について態度を定めたときよりも、賢くなっておらず、物知りにも、より誠実にもなってもいない。今日、悩まされている難問は、その当時の私も知らないわけではなかった。そんなことに邪魔だてされなかっただけである。そのころには気づかなかった新手の難問がなにか現われるとしても、それは巧妙な形而上学的詭弁であって、いつの時代にも賢者という賢者に受け入れられ、すべての国の民に認められて、消すことのできない文字で人類の心に刻みこまれた永遠の真理が、そんなものにゆるがされることはないだろう。こうした問題をよく考えてみた私にはわかっていたが、感覚のために制約を受けている人間の理解力には、これを全面的に把握する力はないのだ。そこで私は自分の能力の及ぶ範囲にとどまって、それを越えることには入りこまないことにした。この決意は道理にかなっていたから、かつて私はこれを受け入れ、心情においても理性においても同意してそれに従ったのだった。こんなに多くの強力な動機がある以上、私は当然この決意を守っていってしかるべきなのに、いまになって、どんな根拠からそれを捨てたりするだろうか。この決意を守ることにどんな危険がありそうなのか。これを捨てることにどんな利益があるというのか。迫害者たちの教説を受け入れるとともに、彼らの道徳も受け入れるのか。彼らが書物や劇場での派手な所作で、大げさに見せびらかしてはいるが、心にも理性にも浸み入るものが一つとして一度としてないような、根もなく実もないあんな道徳を？　それとも、これとは別の秘密で残忍なあの道徳を受け入れるのか。それは彼らから秘伝を伝授された者全員の内心の教義であって、はじめのほうの道徳はその仮面の役を果たしているだけなのである。彼らは行動をするときはこの教義だけに従い、私に対して実に巧みにそれを実践してみせた。この道徳はもっぱら攻撃的なもので、防衛には役に立たず、攻めたてることにのみ適している。彼らからこんな状態に追いこまれているのに、そんな道徳が私にとってなんの役に立つだろう。ただ一つ私の潔白のみが不幸な出来事のなかで私を支えてくれている。もしこの唯一の、しかし力強い頼りの手だてをかなぐり捨て、邪心をかわりに抱くようなことになれば、私はこの上どれだけ不幸になることだろう。人を傷つける腕前の点で、私は彼らに及ぶことがあるだろうか。かりにうまくそれに成功したとして、彼らを痛めつけることができても、それで私のどんな痛みが癒されるだろうか。私は自分自身の尊敬を失い、そのかわりに得るものはなにひとつとしてないだろう。

　このように、自分自身を相手に議論を深めてみて、私はもう、まやかしの議論にも、解決できない異論にも、自分の能力やおそらくは人間の精神の限界を越えている難問にも、こと自分の原則に関することで気持ちをぐらつかせるようなことはなくなった。私の精神は、私が与えることのできたもっとも安定した気分にとどまっているうちに、良心に守られながらそこで憩うことにすっかり慣れたため、新旧の別を問わずいかなる他人の教説も、いまでは私の精神を動かすことはできないし、一瞬でも私の安息を乱すことなどできはしない。体力も衰え、精神も鈍ってしまった私は、自分の信条と準則をどんな論理を基にうちたてたかということまで忘れてしまっている。だが、良心と理性の合意を得てそこからひきだした結論のほうはけっして忘れはしないし、これからも守ってゆく。哲学者という哲学者がこぞって難癖をつけに来るがよい。時間と労力を無駄にすることになるだろう。これからは死ぬまで、なにごとにつけても私は、自分がいまより確かな選択をすることのできたころに固めた方針を守ってゆく。

　こういう気持ちになることで安心を得た私は、そこに自分に対する満足感と同時に、いまの境遇で自分に必要な希望と慰藉をも見出している。こんなに徹底した、永続的な、そして元来がほんとにわびしい孤独のなかで、いまの世の人たち全員から、あいかわらずあからさまな激しい敵意をみせつけられ、たえまなくひどい仕打ちをあびせられていながら、ときどき意気銷沈しなければ不思議というものだ。希望がゆらぐと、いまでもまだ気持ちのなえるような疑念がときどきよみがえってきて、心がかき乱され、暗い思いに満たされる。まさにそのようなとき、自分自身を安心させるため必要な精神の作業を行なえなくなっている私は、昔の決心を思い起こさねばならなくなる。すると、その決心をしたときの配慮、用心、真摯な気持ちなどが記憶によみがえり、私はまた自信を完全にとり戻す。こうして私はあらゆる新思想を、見せかけだけで、私の平安を乱す役にしか立たない忌まわしい謬説に対するように、拒絶する。

こんなふうに昔ながらの知識の狭い範囲にとどめられているので、ソロンのように、年をとりながら毎日学んでゆけるという幸福には恵まれていない。しかも、これから先はきちんと知ることのできないことを学ぼうと思うような危険な思い上がりは、なんとか避けるようにさえしなければならない。だが、有益な知識という面では、もはやあまり獲得を期待できそうなものは残っていないとしても、いまの境遇に必要な美徳という面では、まだまだ獲得すべき非常に重要なものが残されている。この面においてこそ、いまや私の魂を、みずからたずさえて旅立てるような識見で豊かにし、飾ってやるべき時であろう。その旅立ちのとき、肉体のため眼をおおわれ盲目にされている魂は、その肉体から解き放たれ、真実を直視できるようになって、わがにせ学者どもがあんなに自慢している知識がすべてどんなにみじめなものか知ることだろう。そんな代物を得んがためにこの世で空費した時間が悔やまれることだろう。しかし、忍耐力、やさしさ、あきらめ、清廉潔白、公正無私といったものは自分でたずさえてゆける財産であり、たえずふやしてゆくことのできるものであって、死によってさえその価値がなくなる心配はない。この唯一の有益な研究にこそ、私はこれからの老後をささげようと思う。もし、自分自身に関して進歩をとげ、この世に生まれついたときよりも善良になってとは言わないけれど、というのもそんなことはありえないからだが、徳をつんでこの世を去ることを学ぶことができれば幸いだ。

第四の散歩

いまでもときどき読む数少ない本のなかで、プルタルコス[二二]は私がいちばんひかれ、いちばんためになってもいる本である。これは幼年時代にはじめて読んだ本だったが、老後の最後に読む本ともなることだろう。彼は読むたびにかならずなにか得るところのあったほとんど唯一の著者である。一昨日も私は彼の倫理論集のなかの「いかにして敵から益を得ることが可能か」という論説を読んでいた。同じ日、著者たちから送られてきていた何冊かの小冊子を整理していて、たまたまロジエ[二三]師の雑誌の一冊が眼にとまった。その表題には「生涯を真理にささげる人のために、ロジエ」という言葉が書き添えられていた[二四]。こういうことで思い違いするにはこの先生たちの言いまわしを知りすぎている私は、師がこのように丁重をよそおいつつ、私になにかひどい皮肉を言うつもりだったことがわかった。だがなにを根拠にしてなのだろう。どうしてこんな嫌味を言うのか。こんなことを言われるどういう種を私がまいたと言うのだろうか。私はすばらしいプルタルコスの教えを活用するため、翌日の散歩のあいだ嘘について自己反省してみることに決めた。その結果、デルフォイ神殿の「汝自身を知れ[二五]」は『告白』を書いたころ思っていたほどには従いやすい格言ではないという、すでに抱いていた考えをますます確信することになった。

　翌日、その決心を実行するために歩きだして、思いをこらしはじめたとき、まず頭に浮かんだのは、少年のころについた恐ろしい嘘のことだった[二六]。その記憶は生涯私を悩ませてきたが、老人になってまで思い出されて、いままでも他にあれほどいろんなつらい思いをさせられてきた私の心を、いまだに深く悲しませる。この嘘は、それ自体、大きな罪だったが、それが生んだ結果において、なおさら大きな罪だったにちがいない。その結果がどんなものだったかはいまだに知らないが、良心の呵責は私に考えられるかぎりでいちばん残酷な結果を想像させた。しかしながら嘘をついたときの私の心情だけを考えると、この嘘はもっぱら羞恥心のなせる業で、犠牲になった女性を傷つけようとする気持ちから出たものでは絶対なかった。それどころか、私は天に誓って、あのどうしようもない恥ずかしさに負け、嘘をつくはめになった瞬間でさえ、その結果を自分一人でかぶるためならば、喜んで自分の血をすべて流しただろうということができる。それは一種の錯乱状態で、いまでもそのときの気持ちがわかるように思うが、その瞬間、私の気弱な本性が、心の願いを一切押し殺してしまったのだとでも言うしか、説明のしようがない。

この忌まわしい行為の思い出と、それが残した消しがたい悔恨は、私に嘘に対して身の毛のよだつような嫌悪をおぼえさせた。以後私の心が生涯この悪徳を免れたのはそのおかげにちがいない。私があの座右銘を採用したとき、私は自分がそれにふさわしい人間だと思っていたし、ロジエ師の言葉がもとで、一段と真剣に反省しはじめたときにも、自分がその銘句に値する人間だということを疑いはしなかった。

そこでひときわ念入りに自分を反省してみて、真理を愛する気持ちを自分で誇らしく思い、他の人間には例のあったためしを知らないほどの公平無私な態度で、真理のために、わが身の安全も、利害も、存在そのものをも犠牲にしていたまさにその同じころに、本当のこととして言ったおぼえのあることで、自分で作りあげたものが山ほどあることにすっかり驚いてしまった。

なにより驚いたことは、こうした作り話を思い出しても、自分がまったく後悔らしい後悔を感じていないことだった。虚偽に対する憎悪に匹敵するほどの気持ちは心になにも持たない私、拷問をのがれるのに嘘をつく必要があるくらいなら、敢然として拷問を受けるにちがいない私が、どうした妙な行きちがいから、あんなふうにこちらから進んで、必要もない、なんの得にもならない嘘をついたりしたのだろうか。また、五十年間も一つの嘘の呵責の種に苦しみ続けてきた私が、このことではいささかの後悔も感じないでいたのは、どういう不可解な矛盾によるものだろうか。私は自分の過ちに無感覚になったことはけっしてない。道徳本能はつねに私を正しく導き、私の良心は生まれながらの潔白さを保ってきた。それなのに、たとえ私の良心が、利害にからめとられて変になってしまっているとしても、人間であれば欲望に負けても仕方がないではないかとわが身の弱さを盾に弁解できるような場合でさえ、正しい態度を完全に貫いてきたのに、どうして、なんということもない、悪徳をつくろう口実の見つけようもないような場合に限って、その正しい姿勢を失ってしまうのだろうか。私には、この問題を解決することが、この点で自分に下さなければならない判断を正しいものとする決め手であるのがわかった。そして、この問題をよく検討してみた結果、それをどのように納得するようになったかを以下にのべる。

嘘をつくというのは、はっきりと表明すべき真実を隠すことであると、ある哲学書に書いてあるのを読んだ記憶がある。この定義からすると確かに、言う義務のない真実を言わないでいるのは、嘘をつくことにはならない。しかし、そういう場合、本当のことを言わないだけでは物足りずに反対のことを言う人間は、そのとき嘘をついていることになるのか、ついていないことになるのか。先の定義に従うなら、嘘をついているとは言えないだろう。なぜといって、なんの借りもない人間に贋金を渡せば、たしかにその人間をだましたことにはなるが、しかし彼から盗んだことにはならないからである。

ここで検討を要する二つの問題が生じる。どちらもきわめて重要なものだ。第一に、いつでも真実を語る必要があるとは限らないとすると、いつ、どんなふうに人に真実を語る義務が生じるのか、という問題。第二に、人をだましても罪にならない場合はあるのか、という問題。この第二の問題に対する答えははっきり出されているが、それは十分承知している。そんな場合はない、というのは書物のなかで出される答えで、本のなかならどんなに厳しい道徳を説いても、著者はなんのつけを回される心配もない。そんな場合はある、というのは社会における答えで、社会では書物で説かれる道徳は実行不可能な無駄話ということになっている。それゆえ、互いに矛盾したことを主張するこうした権威は相手にしないで、自分自身の原則にのっとって、自分のために、これらの問題を解決するよう努めてみよう。

一般的で抽象的な真理は、あらゆる善のなかでもっとも貴重なものである。これがなければ、人間は盲目にひとしい。つまりこれは理性の眼である。これによって人間は行動の仕方を知り、なるべきものになること、なすべきことをなすこと、真の目的に向かうことを知る。特殊で個別的な真理はつねに善とは限らない。ときとしては悪であり、たいていの場合そのどちらでもない。一人の人間にとって、知っておかねばならないこと、それを知るのが本人の幸福のために必要というようなことは、おそらくそんなに多くない。しかし、それがどれほどの数であろうと、それはその人に属する財産なので、どこで見つけても彼にはそれを自分のものとして要求する権利があり、あらゆる盗みのなかでもいちばん正義にもとる盗みを働くことなくしてはその人間からとりあげることのできないものである。なぜなら、一般的な真理は万人の共有財産のようなもので、それを人に渡しても、渡した人がそれを失うというわけのものではないから。

教育にも実践にも、有用でないような真理については、そんなものは財産ですらないのだから、どうして人に返さなければならない財産だろうか。また、所有権はもっぱら有用性にのみもとづくものなのだから、可能性としても有用でなさそうな場合には、所有権は存在しえない。土地はたとえ不毛なところでも、少なくともその地面の上に住むことができるから、所有権が主張されうる。しかし、つまらない、あらゆる点でどうでもよいような、だれにとってもとるに足らない事実が、本当か嘘かということには、どんな人も興味を持たない。道徳の範疇では、自然界の範疇の場合と同じく、無用なものはなにもない。なんの役にも立たないものは、なにひとつ人に返す義務などあるはずがない。あるものが人に返さねばならないものであるための条件は、それが現に有用であるか、有用になる可能性があるかのどちらかでなければならない。したがって、人に言わなければならない真実とは、正義にかかわりのある真実のことであって、そんなものがあろうがなかろうがだれにとってもどうでもよいような、それを知ったとてなんの役にも立たないような無意味な事象に、真実という神聖な名を適用するのは、この名を汚すことである。あらゆる種類の有用性を、有用になる可能性すら剝奪されている事実は、それゆえ、人に言う必要のあるものではありえず、そのことを言わなかったり偽ったりしても、嘘をついていることにはまったくならない。
しかし、あらゆる点でいかなることにも役立たないほど完全に不毛であるような、そんな真実が存在するかどうかということ、これは別に論ずべき問題で、この点にはあとでまたふれることにしたい。さしあたっては、第二の問題に移ることにしよう。

本当のことを言わないことと、間違ったことを言うこととは、二つのまったく別のことだが、それにもかかわらずそこから同じ結果が生じることもある。というのも、効果がまったくないときは、いつも決まって結果は同じであるから。真実がどうでもよいものの場合は、つねに逆の誤りもまたどうでもよい。ということはつまり、そのような場合、真実の逆のことを言ってだます者も、真実を明かさずだます者もどちらも不正でない、ということだ。というのも、無益な真実に関しては、誤りを犯すことが無知でいることより悪い点はなにもないから。私が海底にある砂を白いと思おうが赤いと思おうが、そんなことは、砂が何色か知らないことと同様、私にはどうでもよいことである。不正というものが他人に損害を与えてはじめて成立する以上、だれにも害を与えないでいて、どうして不正を働くことになりえようか。

だが、こうした問題をこんなふうに大ざっぱに解決してみても、実際の場での確実な適用法はまだなにひとつ手にしたことにはならない。起こりうるあらゆる場合に、それを正しく適用するために必要な多くのことを、あらかじめ解明しておかねばならない。というのも、真実を言う義務を生じさせるものが、その真実の有用性だけでしかないとしても、どうすれば自分がその有用性の判定者になれるだろうか。たいていの場合、ある者の利益は他の者の不利益になり、個人の利害はほとんどつねに公共の利害と対立する。そういう場合はどうすればよいのか。その場にいない人の利益を、いま話しかけている相手の人の利益のために、犠牲にすべきなのか。ある者を益し他の者を害する真実は、黙すべきか語るべきか。言うべきことは、すべて公共の利益というただ一つの秤にかけてはかるべきか、それとも一人ひとりの人間的価値の差に応じて配分を決める配分的正義の秤にかけるべきか。それにしても、自分が手にしている知識を、公正という規準だけに従って配分することができるほど、物事のあらゆる連関を十分把握しているという確信が、私にあるだろうか。その上、他人に対して果たすべきことを検討しながら、自分自身に対して果たすべきことと、真実そのものに対して果たすべきことを、私は十分に検討しただろうか。だれか他人をだましてその人になんの損害も与えないですむときでも、自分自身にもまったく害を与えないことになるのか。また、つねに潔白であるために、けっして不正を犯さないだけでいいのか。

厄介な議論がどんなにたくさんあっても、たいていは次のように考えれば簡単にけりをつけられる。たとえそのためどんなことになろうと、いつも本当のことを言おう。正当性そのものは物事の真実性のうちにある。ありもしないことが、なすべきこと、信ずべきことの規準として示されても、嘘はつねに不正であり、誤りはつねに欺瞞である。真実をのべた人は、そのためどんな結果が生じようと、そこになにひとつありもしない作り話を交えたわけでないから、どんな場合でも罪はない。

しかし、それでは問題を片づけることにはなっても、解決することにはならない。問題は、つねに真実を言うのがよいかどうかを決めることではなくて、真実を言う義務がいつも同じようにあるかどうかを決めることにあった。また、それを言う義務はないと仮定した上で、検討していた定義にもとづき、真実を絶対に言わねばならない場合と、言わないでも不正に陥らず、偽っても嘘にならない場合を区別することにあった。というのも、そういう場合が実際にあることがわかったからである。だから問題はそういう場合を識別し、はっきりと断定するための確実な規準を求めることである。

だが、この規準と、それが確実に間違いのない規準であるという証拠は、どこからひきだすのか。すべてこのように難しい道徳的問題においては、いつの場合も理性の光に照らすよりは、良心の指示に従って解決するほうがうまくいった。一度として私は道徳本能にあざむかれたことがない。この本能はこれまで私の心のなかで純潔を保って来たから、十分信頼するに足る。私が行動しているときに、ときとしてそれが情念に圧倒されて黙すことはあっても、思い返してみるときには、またちゃんと情念に対する支配力をとり戻している。そのときこそ私は、この世を去ったあと至高の審判者に裁かれるときとおそらく同じくらい厳しく、自分自身を裁く。

人々の話を、もたらす結果によって判断すると、しばしば評価を誤ることになる。結果はつねに明確でわかりやすいとは限らないということのほかに、その話がされるときの状況と同様、それは無限に多様なのである。だが実は、人々の話に評価を下し、その悪さと善さの程度を決定するものは、その話をする人間の意図がなにかということだけなのである。本当でないことを言っても嘘をついたことになるのは、だます意図のあるときだけだし、だます意図そのものも、つねに相手を傷つけようとする意図と結びついているとは限らない。それどころか、まったく逆の目的を持っていることもある。しかし、嘘が罪のないものとされるためには、人を傷つける意図が明白でないだけでは十分でなく、その上、話しかける相手が陥ることになる誤りが、その当人もその他のだれをも、どんな形であれ、傷つけるおそれのないことが確実でなければならない。そんな確実性を持てることは、めったにないし、難しくもある。だから、嘘が完全に罪のないものであることは、難しく、めったにない。自分自身の利益のために嘘をつくのは詐欺であり、他人の利益のために嘘をつくのは欺瞞であり、人を傷つけるために嘘をつくのは中傷であって、これがいちばんたちの悪い嘘である。嘘をついても、自分にも他人にも得にもならず損にもならなければ、嘘をついたことにならない。それは嘘ではなく、作り話である。

道徳的な目的を持つ作り話はたとえ話や寓話と呼ばれる。そして、その目的は、ためになる真理をわかりやすく楽しい形式に包むことにもっぱらあるか、あるべきなので、そういう場合には、真理の衣装にすぎない事実についての嘘を、隠そうとする人はあまりいない。そこで、ただただ寓話を寓話としてのみ語る人は、いかなる意味でも嘘をついていることにはならない。

そのほかに、物語や小説の多くがそうであるように、まったく役に立たない作り話もあるが、これには本当の意味での教訓はなにも含まれておらず、楽しませることだけを目的としている。道徳的効用のまったくないそういう作り話は、それを作りだす人の意図を勘案してはじめて評価できる。そして、作者が自分の話をいかにも本当のことのように断定的に語るときは、それがまっ赤な嘘であることはまず否定できない。にもかかわらず、こういう嘘をついたことに深刻な悩みをおぼえた人がかつて一人でもあったろうか。また、こういう嘘をつく人たちを本気で非難した人がかつて一人でもあったろうか。かりに、たとえば、『クニドスの神殿』(二七)になんらかの道徳的な目的があるとしても、その目的は官能的な細部描写やみだらな表現のために、まったく隠されてしまったり、台なしになったりしている。こういうもののうわべを上品そうに糊塗するために、作者はなにをしたか。彼はこの作品がギリシア語の写本の翻訳であるように見せかけ、写本発見のいきさつを、読者が彼の話をいちばん真に受けそうな具合に、でっちあげたのだった。もしこれが正真正銘の嘘でないとしたら、嘘をつくということは、ではどういうことなのか言ってもらいたい。にもかかわらず、そんな嘘をついたことで作者を責めようとしたり、ペテン師扱いしようと考えた人があったであろうか。

そんなことは冗談で言っているだけだ、とか、作者は本当の話だと言っても、だれにもそんなことを信じさせようと考えていなかったし、また事実、だれも信じこまされはしなかった、とか、翻訳者になりすましてはいても、彼自身が、ギリシアのものと称しているその作品の作者であることを、世間の人は一瞬たりと疑いはしなかった、などと言ってみたところで無駄というものだろう。私の答えはこうなる。なんの目的もなしにそんな冗談を言ったのだとなると、それはまったくばかげた児戯にすぎなかったことになろう。嘘つきがなにかを主張するとき、別に、人を信用させるにいたらないでも、嘘をついていることにかわりはないのだ。教養のある読者層と単純で信じやすい多数の読者とは区別してしかるべきで、写本のいきさつは、真面目くさった作者からもっともらしい顔つきで話されたものだから、単純な読者は本当にだまされてしまった。そして彼らはなんの心配もしないで古風な形の盃から毒を飲んでしまったが、あれがもし現代風の器で出されていたら、彼らとて少なくとも怪しんではみたことだろう、と。

本のなかに見つかろうが見つかるまいが、自分自身に対して誠実で、良心のとがめそうなことはなにひとつ自分に許そうとしない人なら、こういう区別はどんな人の心のなかでも立てられている。というのも、本当でないことを自分の利益になるように言うのは、それを他人の損になるように言うのと同じで、そういう場合の嘘ほど罪深いものではないとしても、嘘をついているという点では同じことだからだ。利益を得てはならない人に利益を得させるのは、秩序と正義を乱すことである。ある行為を偽って自分のしたことにしたり、人になすりつけたりするのは、その結果、称讃なり非難なりをまねいたり、嫌疑をかけられるなり晴らされるなりする可能性のあるときには、不正を働くことである。ところで、真実に反していて、どんな形にせよ、正義にもとるものは、すべて嘘なのである。これが厳密な境目である。だが、真実には反するが、いかなる形でも正義にかかわりのないものは、すべて作り話でしかない。だから、まったくの作り話を嘘をついたように自分にとがめる人がいたら、だれであっても私より繊細な良心の持主であると認める。

善意の嘘と呼ばれるものは、まぎれもない嘘である。なぜなら、他人なり自分なりの利益になるようにだますことは、損になるようにだますことと同じように、不正なことなのだから。真実に反して誉めたりそしったりする人はだれでも、相手が実在の人であるかぎり、嘘をついていることになる。対象が架空の存在であれば、言いたいことを言っても嘘をついたことにならないが、ただその場合、自分の創作する事実の道徳性について判断を下したり、しかもそれについて誤った判断を下したりしてはならない。というのも、その場合、事実については嘘をついていないにしても、事実に関する真理より百倍も尊重すべき道徳上の真理に対して嘘をついていることになるからである。

私は世間で誠実だと言われる人たちの幾人かに会ったことがある。そういう人たちの誠実さは、誠実と言いながら、雑談のなかで、場所や日時や人物の名を間違いなくあげるとか、どんな作り話も自分に禁じるとか、どんな事情にも粉飾をほどこさないとか、なにひとつ誇張して言わないとかいうことに尽きている。自分たちの利害になんのかかわりもない問題であればどんなことであっても、彼らの話しぶりはどうにも手がつけられないほど事実に忠実である。しかし、話がなにか自分たちにかかわりのある問題だとか、身近にからんだことを扱う段になると、あらゆるまやかしの手を使って、物事が自分たちにとっていちばん有利なところから見られるようにするし、嘘が自分たちに有利となると、自分でつくのはやめにするにしても、人には巧みにそそのかし、責任を負わされる心配なしに、嘘がみんなに受け入れられるようにするのだ。用心深い人間は、こうでなくてはならない。誠実よ、さらばという次第。

私の言う誠実な人のすることとは、正反対である。完全にどうでもよいことだと、そんなときにはもう一方の人があんなに大事にする真実は、彼の心をほとんどひかない。そして一座の人々の気晴らしにありもしない作り話を考えだすのを、あまり疚《やま》しく思わないだろう。そんなことのために、公正でない判断が生じ、生きている人、死んでいる人のだれかれが得をしたり損をしたりする心配など、まったくないのだから。しかし、正義に反し真理にも反していて、だれかに利益でなければ損害を、尊敬でなければ軽蔑を、称讃でなければ非難をもたらすような話は、すべて嘘なのだから、けっして彼の心にも口にも筆先にものぼらないだろう。彼は雑談で誠実を鼻にかけたりはまずほとんどしないが、自分の利益を犠牲にしてまで、断固として誠実を貫く人である。彼が誠実な人である所以は、彼がだれをもだまそうとしないから、自分のとがとなる真実にも、自分の名誉となる真実にも同じように忠実であるから、そして、自分の利益のためにも敵を傷つけるためにもけっして人をあざむかないから、である。それゆえ、私の言う誠実な人ともう一方の人との違いは、世間で言う誠実な人は、自分がなんの損もしないですむ真実ならどんな真実にも実に厳格なまでに忠実だが、それから先はそうでなくなるのに対し、私の言う誠実な人は、真実のために自分を犠牲にしなければならないときくらい真実に忠実に奉仕することはけっしてないということである。

しかし、私が誉めたたえる彼が真実に対してそれほど熱烈な愛を持っているなら、どうして同時にそんないいかげんなことをしていられるのだろう、と人は言うかもしれない。そんなに混ぜものが入りこむところをみると、ではこの愛はまがいものなのか。いや、これは純粋なまことの愛である。しかも、これは正義に対する愛の一つの発現にすぎないのであって、たとえ作り話めくことがしばしばあるとしても、けっして人をだまそうとすることはない。正義と真実は彼の頭のなかでは二つの同義語であって、彼はその両方を無差別に混同している。彼の心の崇める神聖な真実は、どうでもよいような事実や役に立たない名称などにはけっして存せず、どの人に対しても、本当にその人にかかわりのある問題について、善いことや悪いことをその人のせいにするとき、毀誉褒貶のいずれの報いを下すときにも、その人が当然受けるべきものをその人に正しく与えることに存するのである。彼は他人の不利益をはかって偽ることはしないが、それは彼の公正さがそんなことを許さないからであり、不当にだれを傷つけることも望まないからである。彼はまた自分のためをはかって偽ることもしないが、それは彼の良心がそんなことを許さないからであり、自分のものでないものを自分のものにできるような人間でないからである。彼がなによりも失うまいとするのは、自分自身に対する敬意である。これは彼にとっていちばんないと困る財産であり、この財産を犠牲にして他人の尊敬をかちえても、彼にはまったくの損失と感じられるだろう。彼はだからどうでもよいようなことでは時折、なんの疚しさも感じず、嘘をついていると思いもしないで嘘をつくだろうが、他人や自分の損や得になることではけっして嘘をつかないだろう。歴史上の事実につながる一切のこと、人間の行為や正義、社会における人間関係、有益な知識などにかかわりのある一切のことにおいては、彼は力の及ぶかぎり、自分も他人も誤りから守ろうと心がけるだろう。そういう場合以外はどんな嘘も、彼に言わせれば嘘ではない。もし『クニドスの神殿』がためになる作品であれば、ギリシア語写本うんぬんのいきさつは、まったく罪のない作り話にすぎない。それが危険な作品であるなら、厳罰に値する嘘になる。

以上が嘘と真実についての私の良心の規範だった。私の心は、理性がこの規範を採り入れるより先に、これに無意識のうちに従っていて、道徳本能が一人勝手にこれを実地に適用した。かわいそうなマリヨンを犠牲にしたあの罪深い嘘は、私の心に消すことのできない後悔を残したが、そのおかげで以後生涯を通じて、私はその種の嘘ばかりでなく、たとえどんな仕方でかはわからないにせよ、他人の利害や評判にかかわりを持つおそれのある嘘も、一切つかずにすんだのである。このように全面的に嘘を排除することで、私には利害得失を正確に計算する必要も、有害な嘘と善意の嘘とのあいだに的確な線引きを行なう必要もなくなった。どちらも罪のあるものと見なすことで、二つとも自分に禁じたわけである。

この点でも、他のすべての場合と同様、私の気質が私の準則に、というよりむしろ私の習慣に大きな影響を与えた。というのも、私は規範によって行動したことは、というか、どんなことにおいても本性の衝動以外の規範に従ったことは、ほとんどなかったからである。私は計画的に嘘をつくことなどけっして考えたこともなかったし、自分の利益のために嘘をついたこともけっしてなかった。しかし、どうでもいいような、さもなければせいぜい自分一人にしか関係のないようなことでは、恥ずかしさから、窮状を切り抜けるために、嘘をつくことはよくあった。座談をもり立てなければならないのに、頭の回転は遅いわ、口に出る話はくそ面白くもないわで、なんでもいいから言うことを作る必要上、やむなく作り話にすがらざるをえなくなったようなときの話ではあるが。どうしても話をしなければならないのに、本当のことで面白い話がとっさに頭に浮かばないときは、黙っていないですむように作り話をする。しかしそういう話をつくるときには、それが嘘にならないよう、ということはつまり、それが正義にも、守るべき真実にももとらないよう、私にとってもだれにとってもどうでもよい作り話でしかないものになるよう、できるかぎり注意を払う。私の願いはまさに、できることならそういう話のなかで、事実の真実のかわりに心の真実を置きたい、つまり人間の心に生まれつきそなわっている感情をそこにうまく表現し、そのなかからいつも有益な教訓をなにかひきだせるようにしたい、要するにそれを道徳的なお噺や寓話にしたい、ということである。だが座談のおしゃべりを教訓に活用するには、いまよりもっと機転がきき、もっと話も流暢でなければならないだろう。会話の進み方は私の頭の回転より早くて、たいていの場合、考える前に話さなくてはならず、始終、ばかなことや下らないことを思いつくはめに陥るのだが、そういう言葉が口をついて出る端から、理性はそれに反対するし、心はそれを取り消しにかかるのだった。だが、なにしろ自分の判断より先に出てしまっている言葉だから、あとから四の五の言ってみたところでもう手直しはきかなかった。

思いがけないとっさの折に、恥ずかしさと内気から、私はいまでもよく嘘をつくはめになるが、これもまた、この気質がまっ先に起こす抗しがたい衝動によるのであって、このとき意志はそこにかかわりを持つわけがなく、即座に返事をする必要にせまられて、いわば意志の作動する前に嘘はつかれてしまう。かわいそうなマリヨンの思い出が深い傷痕を残しているので、たしかに他の人々に害を与えるおそれのある嘘はいつもつかずにすんでいるが、私一人だけにかかわりのあるときに、私を窮地から救ってくれそうな嘘のほうは、そうはいかない。これとて、他人の運命に影響しかねない嘘の場合同様、私の良心と規範に反するものなのだけれども。

天に誓って言うが、もし自分の言いわけになる嘘をついたすぐあとでそれを撤回し、自分の非になる真実を語っても、前言を取り消すことで新しく恥をかかないですむのなら、私は喜んでそうすることだろう。しかし、そんなふうに自分の過ちをみずから認めるのはどうにも恥ずかしく、それが妨げになって、自分の過ちは心の底から悔いていながら、それを償う勇気は持てないでいる。例を一つあげれば私の言いたいことがもっとよくわかるだろうし、私が欲得ずくや自負心からでも、まして妬みや悪意から嘘をついているのでもなく、もっぱら当惑や羞《はにか》みから、しかもときにはそんな嘘など底が割れていることも、自分にとってなんの役にも立たないことも重々承知していながら、嘘をついているのだということがはっきりするだろう。

しばらく前に、フルキエ氏の誘いで私としては珍しく、ピクニックの心づもりで妻と連れだち、同氏とその友人ブノワ氏と一緒に、ヴァカサンというおかみの料理店に昼食をとりに出かけたことがあるが、その食事にはおかみとその二人の娘も同席した。食事の最中に、結婚していておなかの大きかった姉娘のほうが、ふいに私をじっと見つめながら、お子さんをお持ちになったことはあるかと、平気な顔でたずねてきた。私は眼までまっ赤になりながら、「そういう幸福には恵まれなかった」と答えた[二八]。彼女は一座を見まわしながら、意地悪そうに薄笑いを浮かべた。こうしたことはすべて、私にとってさえ、そうわかりにくいことではなかった。

　私にたとえ相手をだます意図があったとしても、こんな答えは意図するものでなかっただろうことは、まずはっきりしている。というのも、私にそんな質問をした女の意向を考えてみれば、私が否定してみたところで、この点について彼女の考えが少しでも変わる見込みのないことは確実だったからである。みんなは私がこんなふうに否定するのを期待して、私に嘘をつかせて面白がるために、彼女をそそのかすことまでしたのだ。そんなことが感じとれないほど、私は鈍感ではなかった。二分も経つと、こう言い返してやればよかったという考えがおのずと頭に浮かんだ。「そういうご質問は、若いご婦人が結婚しないで年をとってしまった[二九]男になさるものとしては、いささか慎みがなさすぎますね」。こういうふうに言ってやれば、嘘をつくことにもならず、いらぬ告白をして赤くなることもなく、みんなを味方につけて彼女を笑いものにした上に、ちょっとはこらしめることにもなったから、自然、彼女も少しはずうずうしくなくなって、私にそんな質問をしようとしなくなったことだろうに。私はそんなことはどれひとつとしてせず、言わなければならないことはなにも言わず、言ってはならない、自分にはなにも役にも立ちそうもないことを言ってしまった。だから、私にあんな答えを言わせたものは、私の判断でも意志でもなくて、あれは私が当惑した結果、機械的に口に出た答えだったことは確かである。昔は、こんな当惑はまったく覚えたことがなく、自分の過ちは、いくら恥ずかしくてもそれを上まわる率直な気持ちで、打ち明けたものだった。というのも、そういう過ちを償うもの、私が自分の心で感じているものを、人もきっと見ていてくれると私は信じて疑わなかったからだ。しかしいまは、悪意に満ちた眼が私を傷つけ、どぎまぎさせる。前よりも不幸になるにつれ、ますます私は臆病になった。私は、臆病以外のことで嘘をついたことは一度もない。

私はこれまで、自分が嘘に対して持っている嫌悪の情を、『告白』を書いているときくらい、はっきりと自覚したことはない。というのも、生まれついての性向が少しでも私をその方向に向くようにさせていたら、あの仕事の場合、嘘への誘惑はひっきりなしで強力でもあっただろうから。しかし私は、自分でもうまく説明がつかないが、おそらくあらゆる人真似を厭う気持ちから出てくる考え方のために、自分の責任であるようなことを、一つでも黙っていたり隠したりするどころか、あまりに寛大に自分を許すより、むしろ厳しすぎるくらい厳しく自分を告発して、逆の方向に嘘をつこうとする嫌いのあることを感じていた。だから私は良心に誓って、いつの日か私が裁かれるときにも、自分で自分を裁いたときほど厳しく裁かれることはないと確信している。そうなのだ、私は誇らしい心の高まりをおぼえつつ、こう言い、こう感じる。あの作品のなかで私は、それまで他のどの人間もしたことがないほど、いや少なくとも自分のつもりではそんな程度をはるかに越えてまで、誠実、真実、率直の度を深めた。善のほうが悪より多いことがわかっていたから、なにもかも言ってしまうのが自分のためだと思い、そのとおりなにもかも言ったのである。

私は省いて言ったことは一度もないが、事実においてではなく、その細部においては、いろいろつけ加えて言ったことは、ときにはあった。ところでこの種の嘘は、意志的な行為というよりむしろ、想像力の錯乱の結果だった。こういうものは嘘と呼ぶことさえ間違っている。そんなつけ加えのどれひとつとして、嘘ではなかったのだから。私が『告白』を書いたのはもう年寄りになってから（三〇）で、そのころには人生の下らない快楽はひととおり生かじりに味わってはいたが、心ではそのむなしさをしみじみと感じていて、そんなものにはうんざりしていた。『告白』は記憶を頼りに書いていった。この記憶はしばしば欠落していたり、不完全な思い出しかよみがえらせなかったりしたので、そうした思い出の補足として、想像で書きこんだ細部描写で、その欠落を埋めていった。しかしそれはけっして憶えていることと齟齬をきたすものではなかった。生涯の幸福だった時分のことをこと細かに語るのが好きな私は、ときにはせつない懐しさでいっぱいな心に思い浮かぶ美々しい表現で、それを飾りたてもした。忘れてしまったことは、こうであったにちがいないと思われるとおりに、おそらく実際にそうであったとおりに語ったが、こうであったと憶えていることに反するようなことは、けっして言わなかった。ときには真実に、それには関係のない魅力を付与したこともあったが、真実のかわりに嘘を言って、自分の悪徳を隠したり、持ってもいない美徳を持っていると言ったことはけっしてない。

たとえ、ときとして、無意識の心の動きから、自分を横から描いて醜い面を隠したとしても、こういう言い落としは、自分の悪いところよりも良いところを注意して言わないようにするという、私の場合によくあるはるかに奇妙な別の言い落としによって、ちゃんと相殺されてしまっている。これは私の天性の特異なところで、信じないのは人間としてごく当然であるが、しかし、どんなに信じがたかろうと、本当であることに変わりはない。私は自分の悪いところは徹底して醜いままにしばしば語ったが、良いところを好ましいままに語ることはまれだったし、まったく黙っていることも多かった。

それが自分の名誉になりすぎ、『告白』を書きながら自分への讃辞を書いたと思われそうだったからである。若いころのことを描きながら、私は自分の心にそなわっているよい性質の自慢をすることはなかった上に、そんなところのあることをあまりにはっきりと示しすぎるような事実は省きさえした。ここで思い出されるのは幼年時代の二つのそういう事実である。それは、二つとも書いているとき、はっきり記憶によみがえったものだったにもかかわらず、いま述べたような理由だけで、どちらも捨ててしまったのだった。

私はほとんど毎日曜日、レ・パキのファジさん（三二）のところへ一日中遊びに行っていた。彼は私のおばの一人と結婚していて、そこにインド更紗《さらさ》の工場を持っていた。ある日のこと、私は艶出し機室の乾燥場にいて、艶出し機の鋳物のローラーを眺めていた。その光沢が見ていてなんとも言えず、指でさわってみたくなり、滑らかなシリンダーの表面を指でなでまわして喜んでいた。そのとき息子のファジが歯車のところに行って、八分の一回転ばかりそれを回転させ、ものの見事に私のいちばん長い二本の指先だけをシリンダーにはさんでのけた。しかし、それだけでも指先をつぶすには十分で、爪はシリンダーのあいだにはぎとられてしまった。私はひどい悲鳴をあげた。ファジはすぐに歯車を逆転させたが、爪はシリンダーにやはりはぎとられたままで、指からは血があふれ出ていた。ファジはびっくりして大声をあげ、歯車のところから出てきて、私に抱きつき、どうかそんなに泣き叫ばないでくれと頼み、もうぼくはだめだと言い足した。自分が激痛にさいなまれているのに、彼の苦しみに胸を打たれて、私は泣くのを止めた。私たちは貯水池に行き、そこで私が指を洗い、苔で血止めをするのを彼は手伝ってくれた。彼は涙を流しながら人に絶対言いつけないでくれと頼んだ。私はそんなことはしないと約束し、それを固く守ったので、二十年以上経ったあとでも、どんなことで二本の指に傷痕があるのか、実際あいかわらず傷痕は残っているのであるが、知っている人は一人もいなかった。私は三週間以上もベッドについたきりで、二か月以上も手を使えなかったが、大きな石が落ちてきて指をくだいたのだと、ずっと言い続けたのであった。

高潔な嘘よ！　さていつ真実は
おまえより好ましく思えるほどに美しいか。（二二）

この件はしかし、そのときの特殊な事情のために、ずいぶんつらいものになった。というのは、それがちょうど市民の軍事練習を行なう演習の時期にあたっていたからで、私は他の三人の同じ歳の子供たちと隊列を組んで、一緒に地区の中隊に入り、制服を着て演習をすることになっていたのだった。ベッドで寝ているその窓の下を、中隊の太鼓がわが三人の仲間と共に通って行くのを聞くのは、つらいことだった。

もう一つの話は、これとよく似たものだが、もっと長じてからのものである。

私はプラン＝パレ（二三）でプランスという名の仲間の一人とマイユ球技（二四）をしていた。ゲームのことで喧嘩になり、殴り合いをはじめたが、やり合っている最中に、彼は帽子もかぶっていない私の頭を、マイユの木槌で強く殴りつけた。相手にもう少し腕力があったら、脳みそがとび出すところだった。私はその場にぶっ倒れる。私の髪の毛のなかから流れ出す血を見たこの哀れな少年の動転ぶりときては、私の一生で他に見たことがないくらいのものだった。彼は私を殺してしまったと思ったのだ。すっとんでくると私をかかえ、激しく涙を流して大声で泣きわめきながら、私をしっかりと抱きしめる。こちらも相手を力いっぱい抱きしめながら、同じように泣き、どこか甘美なところもないではない混乱した感動に浸っていた。ようやくのことで、彼はあいかわらず流れ出る私の血を止めようとしはじめたが、二人のハンカチでは足りないと見てとると、そこから近い彼の母親の小さな庭つきの家へ私を連れて行った。この人のいい奥さんは私のそんな姿を見て、もう少しで気を失うところだった。しかし、なんとか気をとり直して手当てをしてくれた。傷口を丁寧に水で湿らせたあと、そこにブランデーに漬けた百合の花をはってくれたが、これは実によく効く傷薬で、私たちの国ではみんなが使っているものである。彼女の涙とその息子の涙は、私の心のなかまで浸みとおり、長いあいだ私は彼女を自分の母のように思い、息子を兄弟のように思っていたくらいだったが、そのうちにどちらとも会わなくなってしまって、次第しだいに二人のことは忘れていった。

こちらの事件についても前の場合と同じように、私は秘密を守った。私の人生には他にもこれと同じような性質の事件がたくさん起こったが、『告白』のなかではそんな話はしようという気になったことさえなかった。それほどあの作品では、自分の性質のなかに感じとられる良いところを大げさに見せつけるために手を使おうとほとんどしなかった。そうなのだ。自分の知っている真実に反することを私が語ったときは、それはかならずどうでもよいようなことに限られ、話すことに窮したとか、書く楽しさにつられたためであったことが多く、自分の利益をはかったり、他人の利益や損害をはかるためだったことなどなかった。だから、だれにせよ私の『告白』を公平に読んでくれる人は、もしいつの日かそんな人が現われるならば、私がそこでした打ち明け話は、屈辱的な、話すのが本当につらいものであって、これに比べれば、もっとひどい悪事でもそんなに恥ずかしい思いをしないで言えるものもあることが、きっとわかってもらえるだろう。そんな大悪事はしていないから、言いもしなかったのであるが。

こういう反省をすべて綜合して言えることは、私が心で立てた真実への忠誠の誓いは、事の実在性よりも、正しさや公正の感覚にもとづいたものであるということ、また、実際の場面では、私は真偽の抽象的な観念よりも、良心の示す道徳的な指針に従ってきたということである。私はよくさまざまな作り話をしゃべり散らしたが、嘘をついたのはごくまれである。こういう原則に従ったために、私を攻撃する絶好の口実をたくさん人に与えることになったが、だれにせよ人に損害を与えたことはなく、自分が当然受けてよい利益以上のものを自分のものと主張したこともまったくなかった。そういうことがあってはじめて真実は美徳になると、私には思われる。そのほかはいかなる点でも、真実は私たちにとって形而上学的存在にすぎず、そこからは善も悪も出て来ない。

しかし私は、自分の心のなかでこうした嘘についての弁別方法にいま一つ納得できず、自分をまったく非の打ちどころのないものと思えないでいるような気がする。他人に対してどういう義務があるかということはこれほど入念に考察しながら、自分に対してどういう義務があるかということは十分に検討しただろうか。他人に対して正しくなければならないとすれば、自分に対しては誠実でなければならない。それは誠実な人間が自分の尊厳に払わなければならない敬意である。話題の乏しさから、やむなくその補足に罪のない作り話をしてしまったのは、他人を楽しませるために自分を卑しめてはならない以上、間違っていた。また、ものを書く楽しさにひきずられて、実際の話に作り話の装飾をつけ足したのは、もっと間違っていた。なぜなら、真実を作り話で飾るのは、実は真実をゆがめることだからである。

だが私をさらに許しがたい人間にするのは、私が選んだあの座右銘である。この座右銘があるために、私には他のどんな人間よりも真実への忠誠の誓いを厳しく立てる義務があった。だから私は、真実のためにいたるところで自分の利害や好みを犠牲にするだけでは十分でなく、自分の弱さと内気な性質も犠牲にする必要があった。つねに、いかなる機会においても、本当のことを言う勇気と力を持たなければならなかった。そして、格別の思いをこめて真実に身をささげた者の口やペン先から、作り事や作り話が出るようなことはけっしてあってはならなかった。これはあの誇り高い座右銘を選んだとき、考えておくべきことであり、あえてそれをかかげるかぎりは、たえず繰り返し自分に言ってきかせるべきことだった。私は真実を偽ろうという気持ちから嘘をついたことは一度もなく、私の嘘はすべて弱さから出たものだ。しかし、そんなことを言ってみても、ろくすっぽ弁解なんかになりはしない。心の弱い者はせいぜい悪徳から身を守ることができるくらいで、偉大な徳を持つとあえて公言するのは、尊大で無謀なことである。

以上の反省が、ロジエ師の暗示から私の行なったものであるが、あれがなければこんなことはおそらくけっして私には思いつけなかっただろう。こういう反省を活用するには、たしかに、もう遅い。だが少なくとも自分の過ちを直し、意志をふたたび規範に従わせるには、遅すぎはしない。なにしろ、それだけが、今後、私の能力の及ぶことなのだから。それゆえ、こうしたことや、これに類した一切のことでは、ソロンの格言（二五）はどの年齢にも当てはまるし、また、賢明で誠実で謙虚な人間になり、あまり自分を買いかぶらなくなることを、敵からでさえ、学びとるには、遅すぎるということはけっしてないのである。

第五の散歩

これまでに住んだどんな場所も（素敵なところもあったのだが）、ビエンヌ湖のまんなかにあるサン＝ピエール島（二六）ほど、私を本当に幸福にし、せつないほどの懐かしさをいまだにおぼえさせるところはない。ヌーシャテルでラ・モット島と呼ばれているこの小さな島は、スイスでさえ、まったくと言っていいほど、知られていない。私の知るかぎり、この島に言及している旅行家は一人もいない。にもかかわらず、この島は実に気持ちのいいところで、とりわけ付き合いを狭く限って暮らすのが好きな人間の幸福にはまことにふさわしい環境である。というのも、おそらく私は、運命によって一人離れて暮らすことを定められたこの世でただ一人の人間だが、とはいっても、私にはこんな自然な好みを持つのが自分一人だとは、いくらこれまでほかにこういう好みを持つ人に一人として会ったことがなかったにしても、信じられないからである。

ビエンヌ湖の岸辺は、岩や森がずっと水際までせまっているために、ジュネーヴ湖より野趣に富み、ロマンティック（二七）である。しかし明るく心地よい岸辺であることに変わりはない。こちらのほうが畑作や葡萄の栽培が少なく、町や家並みも少ないが、それだけまた、自然の緑や牧草地、人目につかない木蔭の場所が多く、風景が変化に富み、起伏も激しい。この素晴らしい岸辺には、馬車の通行に適した大きな道がないので、この地方を訪れる旅人は少ない。だが、ここは、自然の魅惑に心ゆくまで酔いしれることを好み、鷺の鳴き声や、間をおいて聞こえる幾羽かの小鳥のさえずり、山を流れ落ちる急流のとどろきのほかにどんな物音にも乱されることのない静寂のなかで、静かに思いを凝らすことを好む孤独な瞑想者にとっては、魅力的な土地である。ほとんど円形に近いこの美しい湖水は、その中央に二つの小島を浮かべている。その一つには人が住み、耕地もあって、周囲は半里ばかり。もう一つの小さいほうは無人島で開墾されていない。この島は、大きなほうに波や嵐で崩れたところが出ると、その復旧のため、ひっきりなしに土を運び去られるので、しまいにはなくなってしまうだろう（三八）。こんなふうに、弱者の血肉はいつも強者の利益のために使われる。

島には家は一軒しかないが、これは大きくて、住み心地も使い勝手も実によくできている。島と同様にベルヌ病院の所有物になっており、ある徴税史が家族や召使と一緒に住んでいる。彼はそこでたくさんの家禽を飼い、小鳥用の大きな鳥小屋を一つと、養魚用の池をいくつか持っている。島は小さくても、地質や地形は実に変化に富んでいて、あらゆる種類の風景が見られ、あらゆる種類の作物の栽培ができる。畑あり、葡萄畑あり、森林あり、果樹園あり、肥沃な牧草地ありで、水辺にあって緑さわやかなその牧場では、木立ちが蔭を落とし、さまざまな種類の灌木が周囲をとりまいている。両側に並木の植わった高い台地が島の岸沿いを縦に走り、そのなかほどにきれいなあずまやが建てられていて、葡萄の収穫期のあいだ、日曜日になると、近隣の湖岸の住民が集まってダンスを踊りにやって来る。

モチエで投石されたあと（三九）、私が逃れた先はこの島だった。この島に滞在しているのは実に魅力的に思え、自分の気性によく合った生活を送っていたので、私はここで生涯を終えようと心に決めた。そのさい、こんな計画は人が邪魔をして実行させないのではないかということだけが心配だった。私をイギリスに連れて行こうとする計画が、そのころすでに少しずつ進捗している気配を感じていたが、その話とこの計画は両立しなかった。私は不安な予感にさいなまれ、いっそみんながこの隠れ家を終身の監獄にして、私を一生ここに監禁し（四〇）、ここから抜けだす力や希望をすっかり取りあげて、陸地とのいかなる種類の連絡も禁じてしまい、世の中でなにが起こっているのかさっぱりわからなくなった私が世の中の存在することを忘れ、世の中のほうでも私の存在を忘れてしまう、というふうになってくれたら、どんなにうれしかったことだろう。

　この島では、せいぜい二か月くらいしか過ごすことを認められなかった。だが、私はそこでなら、二年でも、二世紀でも、永遠にでも、一瞬も退屈しないで過ごしたことだろう。連れ合いとの島での暮らしで付き合う相手は、収税史とその奥さんと召使たちのほかにはなかったのだけれども。彼らはたしかに実にいい人たちで、それだけの人たちだったが、それこそがまさに私が必要としていたことだった。この二か月が私の人生でいちばん幸福な時期だった、そう私は思っている。本当に幸福だったから、私には生涯にこの時期があったことだけで十分だったと思えるくらいで、おかげで一瞬でもほかの境遇を望む気持ちを持たずにすんだのだった。

　では、その幸福はどんなものだったのか、また、それを楽しむということは、どういうことをさしていたのか。私が島で送っていた暮らしぶりを紹介し、それをもっていまの世のすべての人々にそれを推察してもらうよすがとしたい。あの貴重なファル・ニエンテ（無為）が、そうした楽しみのなかで第一の、主要なものだった。その甘美な楽しみを、私は心ゆくまで味わいつくそうと思った。実際、島に滞在しているあいだに私のしたことはなにかというと、無為に身を委ねた人間の結構至極で不可欠な仕事たる暇つぶしに尽きた。

私が自分からすすんで自分を縛りつけてしまったこの人里離れた住みかは、人に助けてもらわないかぎり出て行くことはならず、出て行こうとすればかならず人に姿を見られずにはすまないところで、まわりの人たちの協力なしにはだれと連絡することも通信することもできなかったから、ここに私を放置しておくのはみんなとしても願ってもないことだろうという期待、そう、この期待があったために、この島でならこれまでの人生よりずっと穏やかに一生を終えることができるという希望が生まれたのだった。そしてここでならのんびり時間をかけて家のなかを整える余裕があるだろうと思えたので、はじめはなんの整理もしないでいた。いきなり一人きりで、裸同然、手ぶらのまま、そこに移り住んだ私は、順番にまず私の家の家政婦(四一)を呼び寄せ、次に本とわずかばかりの手まわり品を送り届けさせたが、この荷物はそうするのがうれしくてわざと一つも荷ほどきしないことにした。箱やトランクを着いたままほうっておき、生涯を終えるつもりの家にいながら、まるで翌日には出立していなければならない旅籠屋にでもいるように暮らした。すべてのものがそのままで実にしっくりしていて、もっとうまく整頓しようとすると、全体のなにかが損なわれるのだった。いちばん大きな喜びの一つは、なにより、本をしっかり箱につめたままおいてあることと、文具箱を持っていないことだった。ろくでもない手紙が来て、返事を出すためにやむをえずペンをとるときには、ぶつぶつ不平を言いながら収税史から文具箱を借りることにしていたが、もう二度と借りる必要がないようにとあだな望みをかけながら、大急ぎで返してしまうのだった。そういううっとおしい書類や、一切の古ぼけた本のかわりに、私は部屋を花や乾した草で満たしていった。というのも、当時、植物学に熱中しはじめていたからである。植物学の趣味を私に植えつけたのはディヴェルノワ博士（四二）で、私はたちまちこれにとりつかれた。骨の折れる仕事はもう沢山で、私に必要なのは、気に入った、怠け者でも喜んでやれるような苦労しかいらない気晴らしの仕事であった。私は『サン＝ピエール島植物誌』を作る計画をたて、島のあらゆる植物を一本残らず記述することにした。記述は十分詳細にして、死ぬまで暇つぶしにこと欠かないようにするつもりだった。なんでも、レモンの皮について本を一冊書いたドイツ人がいるという話だが、私とて牧場の芝草の一本一本、森の苔の一つ一つ、岩をおおう地衣の一枚一枚について、一冊ずつ本を著していたかもしれない。要するに私は、草の毛一本、植物の微細な部分一つなおざりにすることなく、しっかり記述しないではおかない気持ちだった。この素晴らしい計画をたてた結果、毎朝、みんなで一緒に朝食をとったあと、私は虫眼鏡を手に、愛用の『自然の体系（四三）』を小わきにかかえて、島の一つの区画へと調査に出かけるのだった。区画というのは、そのために私があらかじめ全島を小さな碁盤目に区分けしておいたもので、その一つひとつを季節ごとに順番に踏査しようという魂胆であった。植物の構造や組織について、また当時はまだ私には仕組みがまったく目新しかった結実過程での生殖器官の働きについて、観察を重ねるたびに味わった激しい喜びと陶酔ほど特異なものはない。〔種の上位区分である〕属の特徴の識別など、以前はまったくわかっていなかったのが、とりあえずさらに珍しい種に出会うまでも、どんなものかありきたりの種で確認しているうちに、すっかり夢中になっていった。ウツボグサの二本の長い雄蕊の二股の枝分かれ、イラクサとヒカゲミズの雄蕊のぜんまい状、ホウセンカの実とツゲの蒴果の破裂、はじめて観察する実を結ぶためのさまざまなこまかい働き、そうしたものを眼にするにつけ私の胸は喜びにふくらんだ。それで私は、ちょうどラ・フォンテーヌが『ハバクク書』（四四）をお読みになりましたか」ときいたように、「ウツボグサの角を見たことがありますか」とみんなにきいてまわったものだ。二、三時間経つと、たっぷり収穫をかかえて戻ってくることになるが、それは雨の日に午後を家で過ごすときの楽しみのためにたくわえておいた。午前中の残りの時間は、収税史やその奥さんやテレーズと連れだって、作男たちの働きぶりやその収穫を見に行ったりして過ごした。そんなとき、たいていは彼らの作業の手助けを買って出た。だからベルヌから私に会いに来る人があると、よく、私が高い木に登って、果物をつんでは肩から下げた袋につめこみ、いっぱいになるとロープで地面に降ろしたりしている姿を見かけることになった。午前中に運動したあとは、そのためかならず気分が爽やかなせいもあって、昼食後の憩いの時間が実に快く感じられた。しかし休憩があまり長くなって、好天にそぞろ気をそそられたりすると、そう長いあいだ待っていられなくなって、まだみんなが食卓についているあいだに、そっと抜けだし、ボートに一人でとび乗り、波が穏やかであれば、湖のまんなかに漕ぎだすのだった。そこまで出ると、船ぞこにゆったりとねそべり、空を見あげながら、ときには何時間も波のまにまにゆるやかにただようにまかせ、あれこれと無数の、とりとめないがなんとも言えず快い夢想にふけるのであった。そういう夢想は、これというはっきりと定まった変わらぬ対象はなにもないけれど、それでも私の考えでは、この世の快楽と呼ばれているもののうちで、私がいちばん甘美だと思った一切のものより、百倍も好ましく思えた。日が沈みかけてはじめて引き返さねばならない時間だと知るのは再三のことで、気がついてみると島からひどく遠くまで流されていて、とっぷり日の暮れ落ちるまでに帰りつこうと全力で漕がなければならなくなるのだった。ほかのときには、湖面遠くに漕ぎでるかわりに、島の緑の岸辺沿いに舟を進めて楽しんだ。岸辺の澄みきった水と爽やかな木蔭につい誘われて、よく水浴びもした。しかし、いちばんよく舟を進めた先は、大きな島から小さな島まで行って、そこで舟を降り、その島で午後を過ごすというものだった。あるときは、ヤマネコヤナギやイソノキ、ハルタデなど、あらゆる種類の灌木のあいだをぬって、ごく狭いところをそぞろ歩いて過ごし、あるときは、芝草、イブキジャコウソウ、いろいろな花、それにおそらくむかしだれかが植えたものらしいイワオウギやクローバーまでが一面に生えている砂地の丘の上に腰を下ろして過ごした。そこは兎を放すのに絶好のところで、ここなら兎はなんのこわがるものもなければ、なんの害になることもなく、平和に繁殖できるだろう。この思いつきを収税史に言ってやると、彼はヌーシャテルからいく番《つが》いかの兎をとりよせた。そこで私たち、収税史夫人とその姉妹の一人、テレーズと私は、派手ないでたちで、小さな島に兎を放しに出かけた。私が島を去る前に、もう兎は増えはじめていたから、冬のきびしさに耐えることができていたら、きっと大いに繁殖したことだろう。この小さな植民地づくりは、うれしいお祭りのようなひとときだった。アルゴ船一行の先導者(四五)といえども、大きな島から小さな島へ、意気揚々として一行と兎をひき連れて行った私ほど得意ではなかったろう。収税史の奥さんは極端に水をこわがり、舟に乗るといつも気分が悪くなる人だったが、私の案内に信頼しきって舟に乗りこみ、島から島に渡るあいだも、少しもこわがる様子がなかった。そのことに気づいて、私は誇らしい気持ちになった。

　湖面が波立って舟を出せないときには、島中を歩きまわって午後を過ごした。右に左に植物を採集したり、あるときはいちばん眺めの美しい、まったく人の来ないひそやかな片隅に腰を下ろして好きなだけ夢想にふけり、あるときは台地や丘の上に腰を下ろして、湖と湖岸の素晴らしいうっとりするような眺望をあちこち眺めまわすのだった。一方の湖岸には近い山々がのしかかるようにせまり、片方は開けて、豊かで肥沃な平野が、はるかかなたに地平を限る青くかすんだ山々まで、見渡すかぎり広がっていた。

夕方近くになると私は島の高みから下りて、好んで湖の岸辺に行き、どこか人目につかない浜辺に腰を下ろした。そこにいると、波の音と水のざわめきに五官はひきつけられ、魂は他の一切のざわめきを追い払って快い夢想に浸りきり、知らないうちに夜のとばりにつつまれていて、驚くこともしばしばだった。寄せては返す波の動き、とぎれなく続きながら間隔をおいて高まる音、それは休みなく耳目を打つうちに、私の内部で夢想が消した心の動きにとってかわり、これだけでもう私には、別に苦労して考えたりしないでも、自分の存在がうれしく感じとれるようになっていくのだった。時折、水面を見るうちに、連想から、この世の事物の移ろいやすさについて、たよりない短い反省が生まれることがあっても、そんなはかない印象は、私を静かにあやす絶え間ない動きの単調な繰り返しのうちに、たちまち消え去って行った。その動きは、心がそこに積極的に協調するわけでもないのに、私を金しばりにせずにはおかず、時間が来て約束の合図にうながされても、そこを離れるのになかなか努力を要すくらいだった。

夕食のあと、よく晴れた夜には、またみんなで一緒に高台へそぞろ歩きに出かけ、湖の空気と涼気を満喫するのだった。あずまやで休んだり、笑ったり、おしゃべりをしたり、なにか古い歌を歌ったりしたが、そういう歌は最近の技巧的な凝った歌に劣るものではない。それからようやく、みんなはその日一日に満足して、明日もまた同じような日になることだけを望みながら、寝に帰ってゆくのだった。

思いがけない煩わしい客の来訪を別にすれば、こんなふうにして私は、この島に滞在していたあいだ、時間を過ごしていた。ここでだれか私に言ってくださるまいか。あそこには一体どんな魅力があって、これほど激しく、せつなく、いつまでも変わらない懐かしさが心にわき起こり、あのいとおしい仮住まいの地のことを思うたびに、十五年経ったいまになってもまだ、いつも、猛然と帰りたい気持ちのために、そこまで運び去られたような感じになるのだろうか。

長い人生の有為転変のなかで気づいたことは、いちばん甘美な楽しみといちばん激しい喜びを味わった時期は、しかし、思い出していちばん私が心をひかれ、感動をおぼえる時期ではないということだった。そのような熱狂と情熱にあふれた短い時は、たとえどんなに強烈でありえても、それでも、まさにその激しさそれ自体からして、人生という直線上にごくまばらにちらばる点にすぎない。そういう時は、あまりにまれで、あまりに急速に過ぎ去るため、一つの状態を構成することができない。私が心で懐かしむ幸福は、いくつかのはかない瞬間から成り立っているものではなくて、単一の永続的な状態であり、それ自体にはなにも激しいところはないが、それが続くと魅力が増していって、ついにそこに最高の幸福が見出されるまでになる、といったものである。

この地上では、すべてが絶えざる流転のうちにある。そこではなにひとつとして一定不変の固定した形を持ち続けるものはない。外的な事物に結びついた愛着も、そうした事物同様、必然的に移り行き変化する。私たちの愛着はいつも私たちの先か後にあって、もはや存在しない過去を呼び起こすか、そうでなければ、たいていは起こりそうもない未来を先取りする。そこには心を結びつけられるようなしっかりしたものはなにもない。だから、この世で得られるのは、せいぜいすぐに消え去る喜びでしかない。永続する幸福などといったものを、この世で味わう人がいるとは思えない。いちばん強烈な喜びを感じているときにも、「この瞬間が永遠に続いてくれたらいいのに」と心から本当に思えるような瞬間はほとんどない。それに、いつまでもわたしたちの心を不安でうつろなままにとどめ、昔のなにかを惜しませたり、まだこれからなにか望みを抱かせたりするような、そんな移ろいやすい状態を、どうして幸福と呼ぶことができるだろう。

だが、過去を思い起こす必要も、未来を先取りする必要もおぼえず、魂がそこですっかり安息でき、そこに自分の全霊を集中することができるほどの、しっかりした場所を見出せるような状態、そこでは魂にとって時間はなんの意味も持たず、現在がいつも持続していながら、持続がはっきりと知らされることもなく、継続のあともまったくなく、いかなる欠如や享有の感覚も、快楽や苦痛の感覚も、欲望や恐れの感覚も一切なく、あるのはただ自分が存在するという感覚だけであるような状態、そしてこの存在感だけで魂が全面的に充足できるような状態、そんな状態がもしあるとすれば、それが続くかぎり、そういう状態にある人は幸福な人と呼んでよいだろう。幸福といっても、この世の快楽のうちに見出される幸福のような、不完全で貧弱で相対的な幸福ではなく、十分で完全で充足した幸福、魂のうちに、満たす必要を感じるような欠落感をまったく残さない幸福である。こうした状態こそ、サン＝ピエール島で、あるときは舟と波まかせに舟ぞこに寝そべりつつ、あるときは波の立ち騒ぐ湖の岸辺に腰を下ろし、あるときはほかの美しい川（四六）や小石の上をさらさら流れるせせらぎのほとりに坐って、一人きりの夢想にふけっていたとき、私がよくおぼえたものだった。

そのような境地にあれば、人はなにを楽しむのか。自分の外にあるものはなにも楽しみとならず、ただ自分自身と、自分自身の存在のほかに楽しみはなにもない。そういう状態が続くかぎり、人は神のように己れ自身に充足する。他の一切の情緒をとり払われた存在感は、それ自体、満足と安心の貴重な感覚であって、たえず私たちをこの存在感からそらし、この世におけるそういう心地よさを乱してしまうあらゆる官能的、世俗的な影響を自分から遠ざけることのできる人にとっては、この感覚だけで十分、この世に存在することが貴重で感動的なものとなるだろう。しかし大部分の人は、のべつ幕なしに情念に心をかき乱され、こういう状態をほとんど知らず、味わったことがあっても、ごく短い時間のあいだに不完全に味わったにすぎず、漠としたあいまいな観念しか持っていないから、彼らにこの状態の魅力などわかるわけがない。現今のような世の仕組みでは、人々はつねに新しく生じてくる欲求を満たすため活動的な生活を義務として送らねばならないのに、それがこういう結構な陶酔境にあこがれて、活動的な生活が嫌になったりしては、よくないことでさえあろう。しかし、人間社会から切り離され、もうこの世では、他人のためにも自分のためにも、役に立つ善いことはなにひとつできない不幸な人間であれば、このような状態のうちに、すべての人間的な幸福の償いとなりうるものを、運命や人間に奪われる心配のない償いを、見出すことができる。

たしかに、こうした償いは、どんな人にも感じとれるものではなく、またどんな状況でも感じとれるものでもない。心が安らかでなければならず、どんな情念にも心の平静の乱されるようなことがあってはならない。償いを感じとる人の側に、その素質がなければならず、周囲をとりまくものにも、ふさわしい雰囲気をかもし出せるようなところがなければならない。そこではまったくの静止も、過剰の動揺も禁物で、ぎくしゃくもせず途切れることもない一様で適度な動きが必要なのである。動きがなければ、人生は仮死状態と変わらない。動きにむらがあったり強すぎたりすれば、覚醒が起こる。そういう動きは周囲の事物を思い出させ、夢想の魅力をぶちこわし、私たちを自分の内部から引き離して、たちまちまたしても、運命と人間どもの軛《くびき》につなぎとめ、また元のように自分たちの不幸を意識させてしまう。まったくの静寂は陰鬱な気分にさせる。そこには死を彷彿とさせるものがある。だから明るい想像力の助けが必要になると、天からそういう想像力を与えられている人々には、その助けはかなり自然にやって来る。外界からは来ない動きが、そのとき私たちの内部で起こるのである。なるほど安らぎは外に動きのあるときより少ないが、それはまた、軽やかでやさしい想念が、魂の奥底を揺るがすことなく、言うならばその表面にふれてゆくにすぎないときは、ずっと快い安らぎでもある。それは、あらゆる不幸を忘れて自分のことを思い出すに足るだけあればよい。この種の夢想は、静かに落ち着いていられるところであれば、どこでも味わうことができる。バスティーユ牢獄や、眼にとまるものなどなにもない地下牢のなかでさえ、まだまだ快く夢想にふけることができるだろうと、よく私は考えた。

しかし、こうしたことは、豊かで閑静な島、自然のままで孤立した世界となり、他の世間から隔絶した島であったからこそ、はるかにうまく、はるかに気持ちよく行なわれたのだということは、正直に認めなければならない。そこでは何ごとも明るい情景だけをしのばせ、嫌な思い出をよみがえらせはしなかった。そこに住むごくわずかな人たちとの付き合いは、親密で快いものだったが、すっかり心をひきつけられて片時も忘れられないほどのものではなかった。要するに私は、一日中、何にも邪魔されず、なんの心配もなく、自分の好みに合った仕事に没頭したり、なまけ放題にのんびりと暇を過ごしていることができた。どんなに嫌なものにとりかこまれていても快い夢をはぐくむ術を心得ているのに、現実に自分の感覚が感応するすべてのものを夢に役立たせて、思う存分それをむさぼることができるときては、夢想家にとってたしかにこれは願ってもない機会だった。長い快い夢想から抜けでて気づいてみると、緑と花と小鳥にとりかこまれている。澄みきった水晶のような広々とした湖水を縁取る、夢のようなはるかな岸辺に眼を漂わせていると、私のなかで、すべてこうした愛すべき事物と、私の空想の考えだしたことが、ないまぜになっていくのだった。そして結局だんだんと自分自身に引き戻され、自分をとりまくものに引き戻されるときには、どこからが空想の世界でどこからが現実なのか、その分かれ目が指摘できなくなっていた。それほどまでに、なにもかもがひとしく力を合わせて、この素晴らしい逗留地で過ごす瞑想と孤独の生活を、私にとって親しみ深いものとしてゆくのであった。どうしてああいう生活がまたもう一度はじめられないのだろうか！　どうしてあの懐かしい島に行き、二度とそこから出ることなく、陸の住民のだれとも決して会わずに、生涯を終えることができないのだろうか。彼らは何年も前から面白がって私の身の上にありとあらゆる種類の災厄をあびせてきたが、彼らを見るとそれを思い出さずにはいられない。彼らのことはやがて永遠に忘れるだろう。もちろん彼らのほうでは、同じように私を忘れはしないだろうが、しかし彼らがわざわざ島までやって来て私の安息を乱すようなおそれさえなければ、そんなことは私にはなんということもあるまい。私の魂は、社会生活の喧噪が元凶の一切の世俗的な情念から解放されると、しきりに九天の彼方に舞いあがり、近々その中に加わりたいと願っている天使たちとの交わりを、早手まわしにはじめることだろう。私にはわかっている。人々は、あんなに気持ちのいい隠れ家を私に返そうとはするまい。私をあそこに置いておくことを望まなかったくらいなのだから。だが、彼らは少なくとも、私が想像の翼にのって毎日その島に移り住み、何時間ものあいだ、いまでもそこに住んでいるのと変わらない同じ喜びを味わうのを妨げはしないだろう。島にいれば私がいちばん楽しんですることは、思う存分夢想にふけることだろう。自分がそこにいるものと夢想しているとき、私は同じことをしていないだろうか。いやそれ以上のことさえしている。抽象的で単調な夢想の魅力に、眼に浮かぶ魅惑的な物の姿を加えて、一段と生彩あるものにしているのだから。そのもとの対象は、陶酔境にあるときにはえてして私の感覚の網目にかからなくなったものだが、それがいまでは、夢想が深くなれば深くなるほど、その姿は夢想のなかでますますいきいきと描きだされるのである。実際に島にいたときよりも、いっそう深くその世界に入りこみ、心地よく感じていることが多い。困ったことは、想像力が衰えるにつれ、それがいままでより浮かびにくくなり、またそんなに長くは続かなくなったことだ。ああ、肉体の殻を脱ぎ捨てようかという際になって、いちばんその殻のために眼をふさがれてしまうとは。

第六の散歩

私たちの機械的な行動で、探し方さえしっかり心得ていれば、心のなかに原因を見つけることができないようなものはほとんどない。昨日、私は、新しくできた大通り(四七)を通ってビエーヴル川(四八)沿いにジャンティイ(四九)のほうに植物採集に出かけたが、アンフェールの入市税関門(五〇)に近づくと急に右に曲がった。そして、畑のなかにそれてゆき、フォンテーヌブロー街道を通って、この小さな川に沿った台地に近づいていった。こういう道のとり方それ自体はどうということはないのだが、自分がこれまでに何度も同じ回り道を無意識にしてきたことをふと思い出して、自分の心のなかにその原因を探ってみた。はたとそれがわかったとき、私は笑いださずにはいられなかった。

アンフェールの関門を出たところの大通りの一角に、夏のあいだは毎日、一人の女が店をひろげて、果物やハーブ茶や菓子パンなどを売っている。この女にはとてもかわいい男の子が一人いるが、その子は足が不自由で、松葉杖をつきながら、通りすがりの人にいそいそと施しをもらいにゆく。私はこの坊やと知り合いみたいになっていた。私が通りかかるたびに、その子はかならず二言三言挨拶を言いにやって来ては、そのあといつも私からなにがしかの喜捨を受けるのだった。はじめのうちは、その子に会うのがとてもうれしく、心からすすんで施しを与えていた。しばらくは同じ調子で喜んでそうし続けていたし、しかもたいていは、その子にちょっと片ことをしゃべらせては聞いてやるのが楽しみで、喜んでそんなことまでしていたくらいだった。この楽しみはだんだんと習慣になり、どんなふうにしてかはわからないが、一種の義務のようなものになってしまって、やがて気づまりに思えだした。それはとりわけ、その子に会うとまずはじめに聞かねばならない大げさな挨拶のせりふのためだった。そんなときにはその子はきまって何回も「ルソーさん」と呼びかけ、いかにも私をよく知っていることを示そうとするが、逆にそれで十分、私にはその子が、そんなことを彼に教えこんだ人たち同様、私のことをよく知らないことが知れるのだった。それからは、あまりそこを通る気がしなくなり、しまいに、その近道のところに近づくと、まず例外なく機械的に回り道をする習慣が身についてしまった。

これが反省してみてはじめてわかったことだった。というのも、こうしたことはなにひとつとして、それまで私の頭にはっきりと浮かんでこなかったからである。このことからほかにも観察して気のついたことを次々にいろいろと思い出したが、それを考え合わせると、これまで長いあいだ思いこんでいたほど、多くの自分の行為の本当の第一義的な動機は、私自身にもはっきりしているわけでないのだと思い知らされた。よいことをするということが、人間の心の味わえるいちばん本物の幸福であるのは、わかっているし感じてもいる。しかし、ずいぶん前から、そういう幸福は私の手のとどかないところにやられてしまった。そして私のようにみじめな境遇に置かれてみると、たったの一つでも本当によい行為を、はっきりこれと定めて実益の得られるように行なうことなどは、望むべくもないことである。私の運命を支配する人たちの最大の関心は、私にとってすべてが偽りの、人をあざむく見せかけにすぎないものにすることだったから、徳を行なう気にさせる動機があればかならずそれは、みんなが私を罠におびきよせてからめとりたいためにちらつかせる囮《おとり》にきまっている。私にはそれがわかっている。私にはわかっているのだ、今後、私にできるただ一つの善は、望んでいないのに知らないうちに悪を犯すことのないように、行動をひかえることだ、ということが。

しかし、自分の心の動きに応じながら、ときとして他人の心を満足させることもできるような、もっと幸福な時期も何度かあった。そういう喜びを味わうことができたときには、いつもそれが他のどんな喜びよりも気持ちよく思ったことを、名誉ある証拠として、私は言っておかねばならない。この私の傾向は、激しい、正真の、そして純粋なものだった。だから、心のいちばん秘められた奥底で、なにひとつそれを裏切ったためしはない。しかしながら、善行をすればその結果、次から次へと義務ができてしまうために、自分でした善行が重荷に感じられたことはよくあった。そうなると喜びは消えてしまって、はじめはうれしかった世話を同じように続けていても、もうほとんど耐えがたい苦しみしか感じなくなった。短いものだったけれども私が順境にあったときは、大勢の人が私を頼ってきたが、私にできることなら、どんな頼みごとであれ、彼らのだれに対しても、私が断わったことは一度としてなかった。しかし、あふれるような真情をこめて行なったはじめのこういう善行から、次から次へと連鎖的に、予期しなかった拘束が生じて、もう私にはその軛を振り払うことができなくなった。私のはじめの奉仕は、それを受けた人々の眼には、当然そのあとに続くはずの奉仕の予約金としか映らなかったわけである。だれか不幸な人が、善行をしてもらったことで私にいったん手がかりをつけたとなると、あとはもうおしまいだった。自由に自発的に行なったこのはじめの善行は、その不幸な人がそのあと必要とするどんな善行でも要求できる際限のない権利と化し、こちらにそんなことをする力がないというようなことくらいでは、とうてい勘弁してもらえなくなってしまう。こういうわけで、まことに快かった楽しみが、あとではつらい束縛に変わっていった。

しかしながら、こういう拘束の鎖も、世間の人に知られることもなく埋もれて暮らしているかぎりは、さしたる重荷には思えなかった。ところが、一度、私という人間が書いたものによって世に知られてみると――そのことはたしかに重大な過失ではあっても、その後この身にふりかかった不快によって十二分に償いはついている――、それからというもの私は、あらゆる貧乏人ないし自称貧乏人、鴨を探しまわる山師たち、大いに私を信用していると見せかけ、それにかこつけてなんとか私を取りこんでやろうとする人々、そういうすべての連中についてのいっぱしの情報通になってしまった。そのとき、私は当然、こういうことをさとった。すべて自然な心の傾向というものは、親切心さえ例外でなく、社会においてしかるべき慎重さも持たず相手も選ばずに、それを抱いたりそれに流されるままになったりすれば、性質が変わってしまって、はじめに向かった方向では有益だったものが同じくらい有害なものになりはてることがよくあるのだ、と。あんまりいろいろつらい体験を重ねることで、次第に私の生来の気質は変わっていった。というよりむしろ、しまいにそういう気質をそれ本来の限界のなかに押しこめ、善行をしようとする自分の傾向が他人の悪意を助長する役にしか立たないときには、いままでほどそれに盲目的に従わないですますことを、そういう経験から学んだのだった。

しかし私は、こういう体験そのものは、少しも悔んでいない。というのも、そういう体験をしたからこそ、反省して、自分というものの認識や、さまざまな状況における自分の行動の真の動機という点で、新しい理解が得られたからである。そういうことでは自分のことを実によく勘違いしたものだったが。私にわかったことは、楽しんで善行を行なうためには、自分が自由に拘束されずに行動する必要があるということ、慈善行為からすっかりその楽しさをとり去るには、それが私にとって義務になるだけでよい、ということだった。そうなるともう、義務という重圧のため、いちばん快い楽しみさえ、私にとっては重荷になってしまう。だから、たしか『エミール』のなかで言っておいたように(五一)、私がトルコ人の国にいたら、見回りが大声で夫の務めをはたすようふれまわる時刻には、だめな夫であったことだろう。

こうしたことは、私が長いあいだ自分自身の美徳について抱いてきた見解に、大幅な修正を加える。というのも、自分の心の傾向のままに従って、よいことをしたい気分のときに、よいことをして喜びを味わう、というのでは別に美徳でなく、美徳というのは、義務が命ずるときには、自分の心の傾向にうちかって、命じられていることをなしとげることにあるからである。そしてこれは、世間の人ほど、私にはできなかったことだった。生まれつき感じやすく善良で、甘すぎるくらい憐れみ深く、寛大さにかかわりのあることならどんなことにでも魂の高まりをおぼえる私は、心情だけに訴えられるかぎり、好みとして、情熱的なまでに人情味を持ち、親切で、人助けの好きな人間だった。もし私が人間のうちでいちばんの権勢家だったとしても、いちばん善良で寛大な人間だったことだろう。そして私の心にどんな復讐心が芽生えても、それを消し去るには、復讐しようと思えばできるという可能性があるだけで十分だったにちがいない。私にとっては、自分の利害に反して正しい立場に立つことさえ、たやすかっただろうが、自分にとって大切な人の利害に反する場合は、とても正しい立場に身を置く決心はつけられなかっただろう。義務の立場と心情の立場がいったん両立しなくなると、行動をひかえることだけが必要というのでないかぎり、義務のほうが勝を占めることはまれだった。そういうとき、たいていの場合、私は毅然としてはいたが、自分の心の傾向に逆らって行動することはいつもできなかった。命ずるものが人間であろうと、義務であろうと、はたまた必然でさえあろうと、私の心が黙すときには、私の意志は聞く耳を持たず、私はその命令に従うことができない。身に不幸の迫るのがわかっていても、それを防ぐためにじたばたするよりは、それが来るにまかせる。時折、努力してことをはじめることがあっても、そういう努力はすぐに嫌になり、くたびれはててしまう。私には続けるということができない。思いつくかぎりのどんなことであっても、私には、喜んですることでなければ、すぐにできなくなってしまう。

それだけではない。拘束は、自分から望む気持ちと一致する場合でも、少しでも強く働きすぎれば、それだけでそんな気持ちはなくなり、反感や嫌悪にまで変わってしまう。そんなことで、人から強要されると、強要されなかったときには自分から進んでしていたのに、よいことをするのが私にはつらくなる。完全に無償な善行が、たしかに私のしたい行ないである。だが、その恩恵を受けた人が、権利のようにして善行の継続を要求し、きかなければうらんでやると言ってみたり、はじめに私が喜んで恩恵を施した以上、永遠に施し続けることを義務として私に命じたりするとなると、たちまちそのときから気まずさがはじまり、喜びが消えうせる。そんなとき、私が負けてすることは、気の弱さ、きまり悪さの所業であって、もうそこに心からやる気などありはしない。心のなかでそういうことを喜んでいるどころか、心にもなく善行をしていることを良心にとがめているのである。

恩恵を施す人と受ける人のあいだには一種の契約が、それもあらゆる契約のうちでもいちばん神聖な契約があることはわかっている。両者が互いに形づくるのは、人間一般を結合する社会よりも緊密な、ある種の社会なのである。恩恵を受ける人が暗黙のうちに感謝を約束しているとすれば、恩恵を施す人も同じように、相手がそれに値しない人間にならないかぎり、相手に示したばかりの好意を変わらずに持ち続け、できるとき、求められるときには、いつでもあらためて好意を実際に示すことを約束している。そういうことは契約に明文化された条件ではなく、両者のあいだに立てられたばかりの関係から自然に生じる結果である。人から求められた無償の奉仕をはじめに断わってしまえば、断わった相手になんの不平を言う権利も与えない。しかし同じような場合に、それ以前に与えたことのある同じ恩恵を当の同じ相手に拒むならば、希望を抱くことを許しておきながらそれを裏切ることになる。自分が期待を持たせておきながら、それに背き、それを認めないことになる。この場合の拒絶にはなにかしら不当で、先の場合よりも酷薄なものが感じられる。しかしそれでもやはり、こうした拒絶をしてしまうのも、心が愛し、容易に手離そうとしない独立心というものがある結果なのである。借金を返済するとき、私の果たしているのは義務であり、施しをするとき、私が自分に与えているのは喜びである。ところで、義務を果たす喜びは、美徳を行なう習慣だけが生みだす喜びの一つであって、自然から直接もたらされる喜びは、これほど高く高揚するものではない。

いやというほどみじめな経験をした結果、私ははじめの衝動に従えばどういうことになるかが先の先まで読めるようになって、よい行ないがしたかったり、することができたときでも、考えなしにそれに打ちこむと、あとあとどんな束縛を受けることになるかわからないのが恐ろしくて、何度も思い止まることになった。いつもそういう心配を覚えたわけではない。それどころか、若いころには、自分自身の善行を通じて、人に愛情をおぼえたものだった。それにまた、私から恩恵を受けた相手が、利害よりもはるかに感謝の気持ちから、私に愛情を持ってくれるのを、同じようによく経験した。しかし、このことでも、他のあらゆる場合と同様、私の不幸がはじまると、たちまち事情はがらりと変わってしまった。このときから私は、旧時代の人々とは似ても似つかぬ新時代の人々のなかで暮らすことになり、私自身の他人に対する感情も、彼らの感情の変化に気づくことによって損なわれてしまった。まったく異なるこの新旧両時代に続けて出会った同じ人たちがいるが、彼らは言うならば両時代に順々に同化したのだった。（五二）〔こうしてデ・シャルメット伯爵（五三）は、私があんなに心から敬意を払い、先方でも私をあんなに誠意をこめて愛してくれた人だったのに、ショワズール（五四）一派の策謀の先棒かつぎの一人となる見返りに、身内のものたちを司教にした。こうして人のいいパレ師（五五）は、かつては私の世話になり、若いころは律気で誠実な青年で友人だったのに、私を裏切り欺いて、フランスで地位を手に入れることができた。こうしてまた、ヴェネチアで秘書としての私の補佐役をしていたド・ビニス師（五六）は、私の普段の行ないが自然にそういう気持ちを持たせたのだろうが、私にいつも親愛感と敬意を示してくれていたのに、自分の利益のためとなると、適当に言葉づかいや態度を変えて、良心と真実を犠牲に、うまいもうけを手に入れることができた。ムルトゥー（五七）もまた白から黒に変わった。〕最初は誠実で率直だった彼らは、いまのような彼らに変わって、他のだれもがすることをした。時代が変わったというそれだけのことで、人間も時代と同じように変わった。ああ、どうしてそんな人たちに昔ながらの同じ感情を持ち続けることができるだろう。相手のほうには、そういう感情を私に抱かせるもとになったものと逆のものが見られるというのに。私は彼らを憎みはしない。私には人々を憎むことはできないから。しかし彼らにふさわしい軽蔑の念は持たずにいられないし、その気持ちを相手に示さずにいることもできない。

おそらく私自身が、自分ではそれと気づかぬうちに、必要以上に変わってしまったのである。私のような境遇に置かれても、性質をゆがめられずに持ちこたえられるような生まれつきの人などあるだろうか。私の心に生まれつきそなわっていた好ましい素質がすべて、私の運命とそれを操る人々のために、自分でも損になるほどに、あるいは他人の迷惑になるほどに、ゆがめられていることを、二十年の経験から痛感している私には、いまでは人からよいことをするよう勧められたりすると、それが私を陥れるために仕掛けられた罠で、そこにはなにか禍いが隠されているとしか思えなくなっている。成果がどうであっても、よい意図を持つのはやはり価値のあることだろうことはわかっている。そうなのだ。そういう価値はあいかわらず確かにそこにある。しかし、内面の魅力はもうそこにはない。そして、そういう刺激を感じなくなると、たちまち私は心に無関心と冷ややかさしか感じなくなる。それに、本当に有益な行ないをするかわりに、お人よしなことしかしていないことがはっきりわかるものだから、自負心は反発するし、その上、理性も認めないこともあって、生まれたままの状態だったら、情熱と意欲にあふれていたと思われるような場合にも、嫌悪と抵抗しか感じなくなっている。

逆境には魂を高め強化するような類のものもあるが、魂を打ちひしぎ殺すようなものもある。私が苦しめられているのはそういう逆境である。私の魂のなかになにかの悪い酵母が少しでもあったら、逆境でそれが極端に発酵して、私は発狂してしまっていたことだろう。しかし、逆境は私を無に等しい存在にしただけだった。自分のためにも他人のためにもよいことができる状態ではないので、私は行動をひかえている。この状態は、強制されたものだからこそ罪のないものなのであるが、そのためなんの非もとなえられることなく自分の生来の性向にすっかり身をゆだねることに、私は一種の快感を覚えている。たしかに私は行き過ぎている。なにしろ、やればいい結果になることしか思い当たらないときでさえ、私は行動する機会を避けているのだから。しかし、事態をありのままに見せてもらえないことは確かなので、私は物事を見せかけで判断することは慎しんでいる。行動を呼びかける動機がどんなまやかしの魅力で覆われていようと、その動機が私にわかるところに置いてあるということだけで、私にはそれがまやかしであると確信できる。

運命は私が子供のころからすでに最初の罠をしかけていたようだが、このため私は長いあいだ、他のどんな罠にもいとも簡単にひっかかるくせがついた。私は生まれつきだれよりもいちばん人を信用しやすい人間だが、まるまる四十年のあいだ、この信頼はただの一度も裏切られることがなかった。突然、別の種類の人間と事物のなかに落ちこんだとき、私は無数の罠のなかに、ただの一度も、ただの一つも罠と気づくことなく、とびこんでいった。二十年もそんな目に遭って、ようやく自分の運命が私にもよく見えてきた。みんなはもっともらしい顔であれこれ調子のいいことを言うが、その実そこには嘘とでたらめしかないのだといったんはっきりさとらされると、私はたちまち別の極端に走ってしまった。というのも、いったん自分の本性から離れてしまえば、もうわれわれをひきとめる限界はなくなるからである。このときから私は人間嫌いになった。この点では私の意志は彼らの意志と協力していて、彼らがありとあらゆる陰謀をめぐらして私をのけものにするより、はるか遠くに私は自分から彼らのもとを離れている。

彼らがいかにがんばってみても仕方ないことだ。この嫌悪が憎悪にまで達することは絶対にありえないのだから。彼らが私を自分たちに従属させようとして、逆に私に従属してしまったことを考えると、ほんとうに哀れをもよおしてくる。私は不幸でないのだから、だとすれば彼ら自身が不幸なのだ。私は自分を顧みるたびに、彼らがいつも気の毒に思う。おそらくこうした判断にはまだ不遜な気持ちがまざっているだろう。私は自分が彼らよりはるかに上の人間だと感じているので、彼らを憎むことができないのである。彼らはせいぜい私に軽蔑を抱かせるくらいが関の山で、とても憎悪まで起こさせることはできない。要するに私は、自分自身をあまりに愛しているから、相手がだれであろうと、人を憎むことができない。そんなことをすれば、私の存在を狭め、抑圧することになる。私はむしろそれを全宇宙に向けて広げたい。

彼らを憎むよりは、彼らから逃げるほうがいい。彼らの姿を見ると、私の感覚は、そして感覚を通して私の心は、じろじろ残酷なまなざしをあびることで、実に嫌な印象を受ける。しかし不快感は、そんな気持ちにさせた対象が見えなくなると、たちまちなくなってしまう。彼らのことを気にするのは、それもまったく心にもなくそうなるのは、彼らが眼の前にいるからで、けっして彼らのことを思い出してではない。姿が見えなくなってしまえば、彼らは私にとって存在しないも同然である。

彼らが私にとってどうでもいい存在とさえ言えるのは、私にかかわりのある場合に限る。というのも、彼ら同士のあいだのことなら、ちょうど舞台で演じられる芝居の人物のように、彼らはまだ私の同情をひいたり、心を動かしたりすることもありうるからである。正義が私の関心をひかなくなるには、私という精神的存在が消滅する必要があるだろう。不正や悪行を見ると、いまでも私の血は怒りで煮えたぎる。大言壮語もこれ見よがしなところもない徳行を見ると、いつでも喜びに身は震え、いまでも感動して涙があふれる。しかし、そのためには、自分でその徳行を見、評価する必要がある。

というのも、私自身の身の上がこういうものである以上、たとえどんなことについてであれ、人々の判断をそのまま受け入れたり、他人を信用してなにかを信じたりするには、よほど頭がどうかしていなければならないからである。

もし私の容姿や顔立ちが、性格や天性と同じように、まったく人に知られていなかったら、いまでも人々にまざって気楽に暮らしていることだろう。彼らとの付き合いさえ、彼らと赤の他人であるかぎりは、好きになれるだろう。私が自分の生来の性向に思うまま身をゆだね、彼らがけっして私のことを構おうとしなければ、いまでも彼らが好きになるだろう。万遍なく、まったく私心を離れて、彼らに親切な態度をとることだろう。しかし私は、けっして特別にだれかに愛着を持つことも、どのような義務の軛に縛られることもなく、彼らが自負心に駆られ、あらゆる掟に強制されてもなかなかできないでいることを、どんなことでも彼らに対し、自由に、自分からすすんでするだろう。

私が、本来の自分にふさわしく、自由で、世間に知られず、一人きりのままでいたなら、私はよいことだけをしたことだろう。心にどんな邪悪な情念の芽もないのだから。神のように姿の見えない全能の存在であったら、私は神のように慈悲深く善良であったことだろう。優れた人間を作るのは、力と自由である。無力と隷属は邪悪な者しか、いまだかつて作ったことがない。私がギュゲス（五八）の指輪を持っていたら、私はそれによって人々への従属から免れ、彼らは逆に私に従わされていたことだろう。私はよく現実離れした空想のなかで、私ならこの指輪をどう使っただろうと自問したものだった。というのも、そういう場合にこそ、濫用の誘惑が、力を持つもののすぐ傍に、せまっているはずだからである。自分の欲望は自由に満たすことができ、だれにだまされる懸念もなく、なんでもできるわけだから、一体どんなことなら、私はいくぶんでもしつこく望んだだろうか。ただ一つ、それは、すべての人の心が満足しているところを見たい、ということであったはずだ。みんなの幸福に満ちた様子を見ることだけが、いつまでも変わらない優しい思いで私の心を動かし、そのために力を貸したいと願う熱烈な気持ちが、私のもっとも不変な情熱となっていたことだろう。つねに公正で、えこひいきはせず、つねに善良でありながら、甘さは持たず、盲目的な不信にも、抑えようのない憎悪にも、同じように陥らなかったことだろう。なぜといって、人間をありのままに見、その心の奥底まで楽に読みとれるのだから、全幅の愛情に値するほど愛すべき人間にも、心底から憎むに値するほど忌まわしい人間にも、あまり出会うことはなかっただろうし、それに、彼らが他人に害を及ぼそうとして、その実、自分自身に害を及ぼしていることがはっきりわかるので、悪らつさそのものすら、哀れをもよおすきっかけになっただろうからである。おそらく楽しい気分のときにはときどき子供っぽさを発揮して、摩訶不思議なことをやってみせたことだろう。もっとも、私は、自分のことではまったく欲得を離れているし、従うべき法としては自分の生まれながらの性向だけしか持たないので、厳正な正義に則った行為は幾度か行なったとしても、それに対して千度も寛大で公正な行為をしたことだろう。神の摂理の代行者として、また力量にかなう限りでの神の掟の与え手として、私は黄金伝説(五九)にある奇跡や、サン＝メダールの墓地の奇跡(六〇)よりも地味だが有益な奇跡を行なったことだろう。

　どこにでも姿を見られることなく入りこめる能力があったとして、自分があまり抵抗できそうもない誘惑をみずから求める気分になったかもしれないのは、ただ一つの点についてだけである。それにしても、一度そうした迷い道に入りこんでしまえば、そのままずるずるとはまりこまなかったようなところがあっただろうか。よほど人間の本性と自分自身について無知でないかぎり、そんな手軽になんでもできる能力があっても自分は惑わされなかっただろうとか、理性の力で自分はこんな逃れようのない誘惑の坂道でも途中でとどまっただろうなどと、うぬぼれることはできないだろう。ほかのことならどんなことでも私は自分に自信があるが、この点だけはだめだったと思う。みずからの力によって人間を越える人は、人間としてのさまざまな弱点を超越していなければならない。そうでなければ、そういう力の過剰は、その人間を実際には他の人々以下の、そして他の人と対等の人間のままとどまっていた場合よりも劣った人間にするだけだろう。

あらゆることをよく考えてみると、この魔法の指輪のためになにかばかなことを仕出かさないうちに、捨ててしまうほうがよさそうに思える。もし人々があくまで私を実際とはまったく違った人間のように見ようとし、私を見ると不正な気持ちがむらむらと起こるのだとすると、彼らにこの姿を見せないために彼らを避けなければならないが、しかし彼らのなかにいて私が姿を消すというようなことであってはならない。彼らのほうこそ、私の前から姿を隠し、自分たちの策謀を私にさとられないようにし、日の光を避けてモグラのように地面の下にもぐるべきなのである。私としては、彼らにできるものなら見てもらいたい。そのほうがかえって結構なくらいだ。しかしそれは彼らにできることではない。私のかわりに、自分たちで作りあげたジャン＝ジャックしか、好きなだけ憎めるよう自分たちの思いどおりに作りあげたジャン＝ジャックしか、けっして見ようとはしないだろう。だから、彼らが見るその見方を、私がつらがるのは間違いだろう。そんなものを本気で気にしてはならない。彼らがそんなふうに見ているものは、私でないのだから。

こうした反省のすべてから私のひきだしうる結論は、すべて拘束、強制、義務といった市民生活には、私はまことにいつも不向きな人間であったということ、私は生まれつき独立不羈な性質なので、他の人たちと共に暮らそうとする者に不可欠な忍従ができなかったということである。私は、自由に行動しているかぎり善良な人間で、よいことしかしない。しかし、それが必然のものであれ、人間によるものであれ、いったん束縛を感じると、たちまち私は反抗的になり、というかむしろてこでも動かなくなる。そうなると私は存在しないに等しい。自分の意志と反対のことをしなければならないときには、どんなことになろうと、私はそういうことはしない。かといって私の欲することもしない。なにしろ私は弱者なのだから。私は行動を控える。まったく、私の弱みはすべて行動に対するもので、私の強さはすべて消極的に働くものであり、私の罪はすべてが怠慢の罪であって、作為の罪（六一）であることはまれである。私は、人間の自由が、自分のしたいことをすることにあるなどとは、一度も思ったことがない。それはしたくないことをけっしてしないことにある。これこそ私がたえず求めてきた自由であり、しばしば守り通した自由であって、またこのために私は同時代人からいちばん顰蹙《ひんしゅく》を買うことになったのだ。というのも、活動的で、せわしない野心家である彼らとしては、他人が自由を持つことはまっぴらで、自分たちにも自由は欲せず、ときどき自分たちの意志を通しさえすれば、というよりむしろ他人の意志を抑えさえすれば、一生涯、自分たちの嫌でたまらないことでも無理してやるし、人を支配するためなら、どんな卑屈なことでもおろそかにしないからである。彼らの過ちは、したがって、私を社会から無用な一員として排除したことではなくて、有害な一員として追放したことにあった。というのも私は、よいことはまことにわずかしかしてこなかったことは確かだが、しかし、悪いこととなると、しようと思ったことは一度としてなかったからで、この世に私よりも現に悪いことをしなかった人間が一人でもいるか、あやしく思うからである。

第七の散歩

私の長い夢想の集録は、はじめたばかりなのに、もう終わりに近づいたような気がする。そのかわりに別の気晴らしができ、それに夢中で、夢想にふける時間すらなくなっている。私はいささか常軌を逸した熱狂ぶりでこれに打ちこんでいるが、よく考えてみるとわれながらおかしくて吹きだしてしまうくらいである。しかし、それでもやはり身を入れずにはいられない。なにしろいまのこんな境遇では、何ごとにおいても自分の好みに気兼ねなく従うことよりほかに、もはや行動の規準はないからである。自分の運命はどうすることもできない。私には罪のない好みがあるだけだ。それにこれからの私にとっては、人々がどう思おうと問題でないのだから、慎重に思案してみても、私の力にまだ及ぶことでは、人前ですることであれ、自分一人ですることであれ、なんでも気の向いたことを、自分の気まぐれだけを規準に、わずかに残る力だけをたよりにやってゆくのが望ましく思える。そういうわけで、いまは心の糧としてはもっぱら押し葉にかかりきり、仕事としては植物学だけに打ちこんでいる。私はもういい年になってから、スイスでディヴェルノワ博士(六一)にはじめて植物学の手ほどきを受けた。そしてその後、旅から旅を重ねるあいだにも、うまい具合に植物採集はできて、植物界についての一応の知識を得ることができた。しかし六十を越えパリに腰を落ち着けてしまうと、体力も衰えはじめて、大がかりな植物採集は無理になったし、それにほかに暇つぶしの種はいらないくらい写譜の仕事で手いっぱいだったこともあって、私は必要のなくなったこの気晴らしはうっちゃってしまっていた。採集した植物標本は売り払い、書物も売ってしまって、散歩の折にパリの周辺で眼につくありふれた植物をときどき見直すくらいで満足していた。この間に、おぼえていたわずかばかりの知識は、あらかたすっぽりと記憶から消え去ってしまった。その早いことといったら、おぼえこむのにかけた時間の比どころではなかった。

　それが突然、六十五歳もすぎて、持っていたなけなしの記憶力も、残っていた野を駆けめぐる体力もなくなり、指導者も、書物も、庭も、標本もなくなっているのに、またしても私はこの病気にとりつかれてしまった。しかも、はじめに打ちこんだときよりも、いっそう熱を入れている。目下、私は、ムレー(六二)の「植物界」をすっかり暗記しようという分別のある人間ならではの計画に真剣に取り組んでいて、地球上で知られているあらゆる植物に精通するつもりなのである。植物学の書物を買い戻すことはとてもできないので、人に借りた本を書き写しにかかっている。そして以前の標本よりはるかに充実したものをあらためて作り直す決心をかため、いずれすべての海草や高山植物と、東西両インドのすべての樹木を入れるつもりながら、とりあえずは、あいもかわらず安上がりに、ルリハコベ、チャーヴィル、ルリヂシャ、ノボロギクといったあたりからはじめている。私はもっともらしい顔をして、家の鳥小屋でも採集をする。そして新しい草を一本見つけるたびに、満足してこうつぶやく。

「とにかくこれで一つふえた。」

　こんな気まぐれに従う決心をしたことは弁解しようとは思わない。自分ではこの気まぐれははなはだもっともなことだと思っているし、いまのような立場にあるとき、自分の気に入った気晴らしに身を入れるのは、すこぶる賢明なことで、大いに立派なことでさえあると確信している。それは私の心に復讐や憎悪の種を一切芽生えさせない手段であって、私のような身の上にありながら、まだなにか気晴らしをしたい気持ちが持てるというのは、たしかに天性怒りっぽいところがきれいさっぱりないからにちがいない。それは私の迫害者たちに対する私流の復讐である。彼らの意図に反して私が幸福になること以上に、彼らをきびしく罰することは私にはできない。

そうなのだ。たしかに、理性にきけば、私が心をひかれ、どうしてもしないではいられない好みなら、どんなものにでも身を入れてかまわないと言うし、そうしろと命じさえする。しかし理性にきいてみても、どうしてそんな好みが私の心をひきつけるのか、ということはわからないし、してもなんの得にもならず進歩するわけでもない空しい研究に、私がどんな魅力を見出すことができるのかということも、なにがきっかけでまた、いい年をして耄碌した、もうよぼよぼで動作もままならず、頭も鈍く物おぼえも悪くなった私が、若者のするような運動や、学生のするような勉強をやりはじめることになったのか、ということもわからない。ところでその変なところが、私のできればわけを知りたいことなのである。そこのところがはっきりすれば、私が晩年の余暇をつぎこんで得ようとしてきた私自身についての認識に、なにか新しい光がもたらされることもあるだろうという気がする。

私は時折かなり深くものを考えてきた。しかし楽しんで考えたことはまれで、たいていは、いやいやながら仕方なくといった塩梅に考えてきた。夢想していると私は疲れがとれ楽しくなるが、思案にふけると疲れるし、気が滅入る。考えることは私にとっては、つねにつらく魅力のない営みだった。ときとして私の夢想は省察となって終わることもあるが、しかし省察が夢想となって終わることのほうがずっと多い。こうしてとりとめもない物思いにふけっているあいだ、私の魂は、想像の翼に乗って、他のどんな享楽にもまさる恍惚感に浸りながら、宇宙をただよい、飛翔する。

そういう夢想を純粋に味わっているかぎり、ほかにどんなことをしてみても、私にとっては味気ないものだった。だが一度、外部の力に押し出される形で、文学の道に身を投じてしまうと、精神的な労働に疲労をおぼえ、厄介な名声にわずらわしさを感じるようになったが、ちょうどそのころ同時に、私はあの楽しい夢想が活気を失い、ひえびえとしたものになってゆくのを感じた。やがて自分のみじめな境遇に嫌でも思いわずらわざるをえなくなると、あの懐かしい忘我の境地、五十年ものあいだ、私のために財産と名誉のかわりをつとめてくれ、時間をかける以外、なんの費用もかけないで、暇な折々、私を人間のなかでいちばんの幸せ者にしてくれたあの境地は、もうごくまれにしか取り戻せなくなってしまった。

私は夢想のなかでも、想像力が、度重なる不幸におびえて、ついに不幸のほうに向かって働くようになるのでないか、自分の苦しみをたえず意識しているうちに、心が次第に締めつけられて、ついにはその重圧で私が圧しつぶされるのではないか、そう心配しさえしなければならなかった。そういう状態にあるとき、私は生まれながらの本能から、一切気の滅入る考えを避け、想像力に沈黙を強い、注意を自分の周囲をとりまくものに向けて、それまではひとかたまりに全体としてしか、ほとんど眺めたことのなかった自然の光景を、はじめて細かく調べるようになったのである。

木や灌木、草などは、大地の装飾であり衣装である。裸で草一本生えていない見渡すかぎり石と泥と砂だけの平原の光景ほど、うらさびしいものはない。だが、自然によって生気を与えられ、婚礼の衣装をまとい、水の流れや小鳥のさえずりにとりまかれた大地は、動物、植物、鉱物三界の調和したところで、生命と興味と魅力にあふれる眺めを人間に供する。これこそこの世で、人の眼と心がけっして飽きることのないただ一つの眺めなのである。

観照する人が感じやすい心を持っていればいるほど、その人はこの調和を見て、わき起こる恍惚感にいっそう深く身を浸す。すると快く深い夢想に感覚も浸され、うっとり酔いしれて、この美しく広大な体系に没入してゆき、それと自分が一体になったように感じる。そうなると個々の対象は一切眼に入らない。全体のなかでしかなにも見えぬし、なにも感じとれない。なにか特別の事情が生じて考えがせばめられ、想像力が一定の範囲に封じこめられないかぎり、全体的に把握しようと努めてきたこの宇宙を、部分的に観察できるようにはならない。

それがまさに私に自然に起こったことだった。ちょうどそのころ私は、苦悩に胸を締めつけられ、次第にはまりこんでゆく失意のうちに、ともすれば雲散し霧消しようとするこの名残りの熱を失うまいとして、心のすべての動きをその中心に寄せ集め集中させていた。私は苦しみをかきたてるこわさに、物を考える気になれず、森や山を行きあたりばったりにさまよっていた。私の想像力は、つらいものには見向きもしないのに、あたりをとりまくもののさいではあるが快い印象には、感覚の窓を開けひろげておくのだった。私の視線はたえずあるものから別のものへと移ったが、こんなに多様なもののなかに、さらに私の眼をひきつけ、いっそう長いあいだひきとめておくものが見出されないということはありえなかった。

私はこの眼の保養が好きになった。逆境にあるとき、それは精神を休ませ楽しませ紛らせて、苦しみの感覚をいっとき止めてくれる。対象の性質によって、この気分転換は大いに助長され、いっそう魅惑的なものとなる。甘い香り、鮮やかな色彩、このうえなく優美な形、それが競って私たちの注意をひく権利を得ようとしているように見える。これほどの快感に浸るのに、ただ楽しむのが好きというだけでよいのである。だからもし、こうした効果が、こういうものに触れる人のすべてに起こらないとすれば、それはある人々の場合は生まれながらに感受性が欠けているからであり、また大部分の人の場合は、ほかの考えで頭がいっぱいで、自分たちの感覚に触れてくるものに、人にかくれてしか浸ろうとしないからである。

さらにもう一つ別の事情が、植物界から審美眼のある人の関心をそらせる原因になっている。それは植物となるとそこから薬品や治療薬をとりだすことしか考えようとしない習慣があることである。テオプラストス(六四)の態度はちがっていた。この哲学者は古代でただ一人の植物学者とみなすことができる。だから彼は、われわれのあいだでは、まったくと言っていいほど知られていない。ところが、ディオスコリデス(六五)などというような処方の集大成者や、その注釈者たちのおかげで、医学が草を薬草という形に変えて独占してしまったため、人々はそこに見えもしないこと、つまりだれもかれもが好んで草にあるとするいわゆる効能しか、見ようとしなくなってしまっている。植物の構造そのものが、なにかの注目に値しうるなどということは、考えられないのである。学者然として貝類を整理して一生を過ごす人たちが、植物学を無用の研究のように言って軽蔑している。彼らに言わせると、そこに薬効の研究を合わせないかぎり、ということはつまり、けっして嘘をつくことなく、薬効のことなどなにひとつ言うわけのない自然の観察は放棄して、嘘つきな人間の権威にすがるのでないかぎり、またいろんなことを断言して、それを言葉どおり信じなければおさまらないような、そのくせ、その言葉すらたいていは他人の権威によっかかったものにすぎないような、そんな人間の権威にひたすらすがるのでないかぎり、役に立つ研究にはならないというわけである。彩り鮮やかに花の咲き乱れる草原にたたずんで、花を次々に調べてみられるがいい。あなたの仕草を眼にする人たちは、外科医の助手だと思って、子供の疥癬《かいせん》とか、大人の痒疹《ようしん》、馬の鼻疽《びそ》などを治すにはどんな草がいいかと尋ねることだろう。このいやな偏見は、他国とりわけ英国では、リンネのおかげで部分的に打破されている。彼は植物学を薬学の諸学派からわずかながら引きずりだして、博物学や経済的用途の対象となるようにした。しかしフランスでは、この研究は一般の人々のあいだにあちらほどは浸透せず、この面ではまったく未開のままだったから、パリのさる才士は、ロンドンで珍しい木や草のいっぱい植わった好事家の庭園を見たとき、誉めるに事欠いて、「これはまた実に素晴らしい薬剤師用の庭園ですね」と叫んだ。この伝でいくと、人類最初の薬剤師はアダムだったということになる。エデンの園ほどいろいろ植物をとりそろえた庭は考えにくいから。

たしかにこういう薬学的な考えは、植物学の研究を楽しいものにするにはあまり向いていない。そういう考えがあると、草原の鮮やかな彩りも、目も覚めるような花の美しさも色褪せ、木立ちの爽やかさもひからび、緑の野も木蔭も味気ない嫌なものになってしまう。あの魅力的で優雅などんな構造も、すべて乳鉢ですりつぶそうとしか思わない人には、まず興味あるわけがなく、それに、恋人に贈る花飾りを摘みに、浣腸用の草の茂みに分け入る人もいないだろう。

私の心に映ずる田園の風景は、こういう薬学的などんな知識によっても、汚されてはいなかった。煎じ薬や膏薬くらい私の心の風景から遠いものはなかった。畑や果樹園や森やそこに住む数多くの生き物たちを間近に眺めていると、私はよく、植物界は自然が人と動物に与えた食糧庫だと考えたものだった。しかし一度として、そこに薬品や治療薬を求めようといった考えが浮かんだことはなかった。自然のさまざまな産物のなかに、そのような利用法を示すようなものは、一つも私には見当たらない。それに自然は、もしそういう利用を命じていたのなら、食用になるものの場合がそうであったように、私たちに選び方を教えてくれただろう。もし、林を歩きまわって楽しんでいるあいだについつい、熱のことや、結石のことや、痛風とか癲癇《てんかん》のことを考えてしまうとしたら、そのときにおぼえる楽しさは、人間のいろんな病気を意識することで毒されてしまうような気さえする。ただし私は、植物にあるとされている顕著な効能を否定するつもりはまったくない。ただ、そうした効能が実際にあるのなら、病人がいつまでも病気でいるのは、病人もまったくいたずらがすぎると言いたいだけである。なにしろ人間が自分がかかっていると称するたくさんの病気のなかで、それに対する根治力のある薬草が二十種類ないような病気は、一つとしてないのだから。

　すべてをいつでも自分たちの物質的利害に結びつけ、どこにでも儲けや薬を探し求めるような物の考え方、いつも躰の調子さえよければ、一切、自然のことなど無関心に眺めることになりそうな、そういう物の考え方は、私は一度もしたことがなかった。その点では、私は他の人たちとまったく逆だと思う。自分に必要という意識につながるもののことになると、かならず私の考えは暗くなり冴えなくなる。私は、自分の肉体の利害をすっかり忘れてしまわないかぎり、精神的な喜びに本当の魅力をおぼえたことは一度もなかった。だから、たとえ私が医学を信じるとしても、またその治療法が快適なものであるとしても、医学とかかわりを持つことには、純粋に利害を超越して、静かに自然に眺め入るときに得られるような、あの深い喜びを見出すことはけっしてないだろうし、私の魂も、肉体のしがらみに縛られているような気がするかぎり、高揚して、自然の上を飛びまわることはできないだろう。もっとも私は、医学には一度もたいして信頼をおいたことはなかったけれども、尊敬を抱き、好きでもあった何人かの医者には、ずいぶん信頼を寄せたことがあり、私の躰の世話をすっかりまかせきっていたくらいだった。十五年の苦い経験で、私は悟りをひらいたのである。いまではふたたび自然の掟にのみ従うようになり、おかげで昔の健康を取り戻した。医者たちがほかには私に不満を持っていなくても、私を憎んでいることを、だれが意外に思ったりするだろうか。私は彼らの医術の空しさと、彼らの医療が無駄であることの生きた証拠なのであるから（六六）。

　そうなのだ。個人的なこと、私の肉体の利害にかかわりのあることで、本当に私の魂を専念させることのできるものは一つもない。自分のことを忘れているときくらい、いい気持ちで瞑想に夢想にふけることはない。私は、いわば万物の体系のなかに溶けこみ、自然全体と合一することに、言うに言われない恍惚と陶酔をおぼえる。人間が私の同胞であったあいだは、地上の幸福を求める計画をいろいろ私も立てたものだった。そういう計画はかならず全体と関係していたので、私は世の人々がみんな幸福になることによってしか、幸せになることはできなかった。一人だけの幸福という考えが私の心を動かしたことは、同胞が私の悲惨さからしか自分たちの幸せを手に入れようとしないことがわかるまで、一度としてなかった。そうとわかったとき、彼らを憎まずにすますため、どうしても彼らを避けなければならなかった。そこで私は万物の母のもとに逃れ、その腕に抱かれて、彼女の子らの攻撃を免れようとした。私は孤独に、あるいは彼らの言葉を借りれば、非社交的で人間嫌いになった。

裏切りや憎しみしか心に抱かないような性根の悪い連中と付き合うより、徹底的に一人きりの孤独のほうが、まだ望ましく思えたからである。

知らず知らずわが身の不幸のことを考えたりしてはいけないので、私は仕方なく考えることを控えている。明るくはあっても眼に見えて衰えている想像力が、こう苦しみを味わっては、いじけたものになりかねないから、仕方なくその名残りの夢を抑えにかかってもいる。恥辱や侮辱を浴びせかけてくる人間どもに、憤懣のあまりかっとしたりしないよう、仕方なく彼らを忘れようと努めてもいる。それでも私は、まったく自分のうちに閉じこもることはできない。外に溢れ出る私の魂が、私の意志などにかかわりなく、その感情と存在をほかのものにまで広げようとするからである。しかし私は、もう昔のように、頭からまっしぐらに自然のこの広大な海原に飛びこむことはできない。なにしろこう機能が衰えたるんできては、しっかりしがみつけるような、定まった、変わらない、私に手の届く対象も見つからず、昔味わったようなあの混沌とした陶酔境を泳ぎまわるだけの元気も、もうないように思えるからである。私の思念は、いまではもう、ほとんど感覚といってよいようなものにすぎず、私の理解力の範囲は、直接私をとりまく対象を越えることがない。

人間を避け、孤独を求め、もう想像に耽らなくなり、考えることはさらに少なくなっているものの、しかし生来、活発な気質に恵まれているおかげで、けだるく憂鬱な無気力とはおよそ縁遠い私は、身のまわりをとりまくあらゆるものに関心を持ちはじめたが、ごく自然な本能で、いちばん気持ちのよいものに心が向かうのだった。鉱物の世界それ自体には、愛すべき魅力的なものは一つもない。地中深くに内蔵されたその富は、人間の激しい物欲をそそらないように、人間の眼の届かないところに置かれているように思える。そんなところにあるのは、いわば、もっと身近にあるのに、人間が堕落するにつれて興味を持たなくなる真の富を補うものとして、いつか役立つようにとって置かれているわけである。そうなると人間は、技能に頼り、労苦をいとわず働き、そのことによってみじめな状態から抜けだそうとしなければならなくなる。人間は地の底を掘り返し、生命の危険もかえりみず、健康を犠牲にして、享受する術を心得ていたころには大地のほうからさしだしてくれた現実の財宝のかわりに、想像の財宝を求めて地の底深くもぐりこんでゆく。彼が太陽や昼間を避けるのは、もうそれを見るにふさわしくなくなっているからである。生きながら地中にみずからを埋めるわけで、もう日の光のもとで生きる値打ちはないのだから、それでいいのである。そこには石切場があり、深い穴があり、鉄工所があり、炉があり、鉄床、ハンマー、煙、火の入り乱れた複雑な装置もあって、野良仕事の穏やかな情景にかわっている。鉱山の有害な臭気を吸って衰弱してゆく不幸な人々の青ざめた顔、まっ黒な鍛冶職人たち、ぞっとするほど醜いキュクロプス(六七)たち、彼らの姿は、地上の緑、花、青空、恋する羊飼たち、たくましい農夫といった眺めにかえて、地の底に、鉱道の設備が配置する眺めである。

　砂や石を拾い集めては、ポケットや標本室をいっぱいにしたりして博物学者を気取るのは、正直言ってやさしい。しかしこういう類の収集に熱中して他のことをしない人は、一般に無学な金持ちで、そんなことをするのは、ただ見せびらかして楽しみたいからにすぎない。鉱物の研究を有意義に活用するには、化学者や物理学者でなければならない。つらい、金のかかる実験を重ね、実験室で仕事をし、炭やるつぼ、炉、レトルトにとりかこまれて、むせるような煙や蒸気のたちこめるところで、いつも生命を危険にさらし、しばしば健康を犠牲にしながら、莫大な金と時間を費やさなければならない。こういう厳しい、つらい仕事をいくらやっても、普通そこから生まれるのは、思い上がりくらいのもので、それにくらべて身につく知識はずっと少ない。それにどんな凡庸な化学者にせよ、ちょっとした技術上の組み合わせを、おそらくたまたま見つけたとなれば、自然の偉大な作用のすべてに通じたと思いこまないでいられる者がどこにいるだろうか。

動物界はもっと私たちの手近にあるし、たしかにいっそう研究される価値がある。しかし結局は、こちらの研究にも、それなりに難しいところ、厄介なところ、嫌なところ、苦労のいるところがあるのではなかろうか。とりわけ、遊ぶにつけ、仕事をするにつけ、だれの助けも期待できない孤独な人間にとっては。空を飛ぶ鳥、水中の魚、風よりも身軽で人間よりも強い四足の動物、そんなものをどうやって観察し、解剖し、研究し、認識するのだろうか。相手の動物は、先方から私の研究の材料になりにやって来る気づかいもなければ、私が追いかけて行って、無理矢理、研究の材料にしてしまうこともできない。そうなると私の手だてとしては、カタツムリ、ミミズ、ウジ虫、蠅、蚊のたぐいくらいしかないだろう。そして私は、息を切らして蝶を追ったり、あわれな昆虫を串ざしにしたり、二十日鼠がとれればそれを解剖するなり、たまたま死んだのを見つけた動物の腐った屍体を解剖するなりして、一生を過ごすことになるだろう。解剖をしなければ、動物の研究はなんの価値もない。解剖してこそ、分類の仕方や、属や種の区別の仕方もわかるのである。動物をその習性や性質の面から研究するには、鳥小屋や養魚槽、飼育場を持つ必要があるだろう。動物を、どんなやり方であるにせよ、拘束して、私のまわりに集めておかねばなるまい。私には動物をつかまえておく趣味もなければ、資力もないし、かといって野放しの動物の足どりについていける敏捷さもない。そうなると死んだ動物を研究しなければならず、肉を切り裂き、骨を抜きとり、ぴくぴくと動く内臓をいつまでも探りまわさなければならなくなるだろう！　解剖学の階段教室は、なんとおぞましい設備だろう！　むっとする臭い死体、じくじく汁のでた鉛色の肉、血、胸の悪くなる腸、おどろおどろしい骸骨、ペストにでもかかりそうなひどい悪臭！　誓って言うが、ジャン＝ジャックが楽しみを求めに行くのは、そんな所ではない。

輝くばかりの花よ、野の彩りよ、爽やかな木蔭よ、せせらぎよ、木立ちよ、緑の茂みよ、早く来て、このぞっとするほど嫌なもので汚された私の想像力を潔めておくれ。私の魂は、もうどんな大きな感動にも反応しなくなっていて、いまでは感覚でとらえられるものでしか動かされなくなっている。私にあるのはもう感覚だけ、もはや感覚を通じてしか、苦しみにしても喜びにしても、この世で私をとらえられない。自分のまわりにある快いものに心をひかれて、それを見つめ、眺め、見くらべているうちに、とうとう分類の仕方をおぼえて、たちまち私は、植物学者になってしまったが、それは、自然が好きになれる新しい理由をたえず見つけたい一心で、それだけのために自然を研究しようとする人が、必要上、植物学者になる、それだけのことなのである。

私は学問を身につけようとはまったく思わない。それには遅すぎる。それに、世はこんなに学識にあふれているが、それが人生の幸福に貢献したというためしを、私は一度も見たことがない。そんなことではなくて私は、楽しく素朴で、なんの苦労もせずに味わえて、私の不幸をまぎらわせてくれる、そんな気晴らしを得たいと思っている。私のすることには費用もかからなければ、苦労もいらない。

のんびりと草から草、植物から植物へとさまよい歩き、それを調べてみて、いろいろな性質を比較し、類似や相違をノートにとり、つまりは、植物の組織を観察して、こういう生命のある機械の動きと働きを追跡し、ときには首尾よくその一般法則や、さまざまな構造の理由や目的を探りだし、すべてこうしたことを私に楽しませてくれる御手に、感謝をこめた讃嘆をささげる喜びにとっぷりと浸る、それだけでいいのだから。

植物は、人間が喜びや好奇心にひかれて自然の研究に誘いこまれるよう、空の星と同じように、ふんだんに地球の上に播き散らされているように思える。だが、天体は私たちからはるか遠くに位置している。それをとらえて、私たちの手の届くところまで近づけるためには、予備知識や、道具、機械などといった長い長い梯子が必要である。植物はもともと私たちの手の届くところにある。それは私たちの足もとに、いわば私たちの掌中に生える。それにその分類学上、本質的な部分が小さくときどき肉眼で見えないことがあるとしても、それを見えるようにする道具は、天文学のものよりはるかに使いやすい。植物学は暇で不精で孤独な人間向きの研究である。針が一本に虫眼鏡が一つ、これで植物を観察するのに必要な道具はそろってしまう。彼は散歩しながら、一つのものから他のものへと心のままにさまよい歩き、一つひとつの花を興味と好奇心を持って調べる。そして、その構造の法則がわかりかけてくると、それを観察することが、別になんの苦労もしていないのに、さんざん苦労しなければならなかった場合と同じくらい、実に楽しく感じられてくる。この暇つぶしの仕事には、情念がしごくなごやかに静まっているときにしか感じられない魅力がある。しかし、その魅力はそんなとき、それだけで十分人生が幸福で楽しいものになるくらい、素晴らしいものだ。しかしいったんそこに、地位につくためだとか本を書くためだとかいう、利害や虚栄心のからんだ動機が入りこんできたり、人に教えるためにのみ学ぼうとしたり、著作家や教師になるためにのみ植物採集をするようになると、この楽しい魅力はたちまちにしてすっかり消え失せ、もう植物のなかに、欲望を満たすための手段しか見なくなってしまう。もう植物の研究に、本当の喜びはなにひとつ見出せなくなり、もはや知ろうと欲するのでなく、知っていることを見せびらかしたいと望み、森にいても、世間という舞台に立っているのと変わりなく、もてはやされることばかりに気をつかうことになる。そうでなければ、書斎か、せいぜいのところ庭園の植物学にとどまって、大自然のなかで植物を観察するかわりに、体系だとか方法だとかにばかりかまけることになる。これはいつに変わらぬ論争の種ではあっても、それで植物が一つ余計にわかるものでもなければ、博物誌や植物界にどんなまことの光を投げかけるものでもない。こうしたことから、物書きの植物学者のあいだに、他の分野の学者たちの場合にまさるとも劣らぬくらいに、名声を競う競争心のせいで、いろいろ憎悪や嫉妬が生みだされることになる。彼らは、この愛すべき研究の本質をゆがめて、都会やアカデミーのまんなかに移しかえるが、そうなると、好事家の庭園に移植された異国の植物と同じことで、これは変質してしまうのである。

こういうこととはまったく別な気持ちのために、この研究は、私にとって一種の情熱となり、いまではもうなくなってしまった一切の情熱の欠落を埋めている。私は岩や山をよじのぼり、谷や森に分け入って、できるだけ人間たちの思い出や、邪悪な連中の攻撃を逃れようとする。森の木蔭にいると、私は、まるでもう敵などいなくて、自分が忘れられていて、自由で、安らかな身の上であるような気がしたり、あるいは森の茂みにいると彼らのことを思い出さなくなるのと同じことで、そこにいたら彼らの攻撃から私は守られていて安全であるかのような気持ちになるのである。そして愚かにも、こちらが彼らのことを考えなければ、あちらも私のことを考えないだろうと思ったりしている。この空想にはたまらない喜びをおぼえるので、もし立場や弱さや必要のためあきらめなければならないということがなければ、心の底からこの空想におぼれてしまうことだろう。そんなとき私の生きている孤独が深ければ深いほど、なんらかの対象がその空隙を満たす必要が強まる。そこで想像力が私に拒んだり、記憶がはねのけたりする対象にかわって補いをつけてくれるものは、大地が、人間に強制されてでなく、いたるところで私の眼に供してくれる、自然のままに生まれ出たものなのだ。人一人いないようなところに新しい植物を探しに行く喜びには、迫害者たちから逃れる喜びがひそめられている。人の足跡のまったく見られないところまで来ると、私はまるで隠れ家に逃げこんで、もう彼らの憎しみに追いかけられる心配がないかのように、ほっとした気分になるのである。

民事裁判所判事クレール（六八）氏の放牧用の持ち山、ラ・ロベラ（六九）のほうで、いつかやった植物採集のことは、私には一生、忘れられない思い出となることだろう。私は一人きりで、山の窪地深くに入りこんで行った。そして森から森へ、岩から岩へとたどるうちに、まったく人目につかない奥まったところにたどりついたが、こんなに自然のままの原生林の光景は、生まれてから見たことがなかった。黒々とした樅の木のあいだに、とてつもなく大きなブナの木がまじっていたが、その何本かは老い朽ちて倒れ、互いにからまり合い、とうてい入りこめない柵になって、この場所をふさいでいた。この昼なお暗い囲い地に残されたいくばくかの空間の先には、切り立った岩と恐ろしい断崖があるばかりで、腹ばいにならなければ、私にはとうていのぞきこむ気になれなかった。山のはざまからミミズクやシマフクロウ、尾白鷲の啼き声が聞こえてきた。そのあいだに、めったに聞かれないもののなじみ深い小鳥の囀りが幾種か聞こえ、この淋しい場所の恐ろしさを和らげた。そんなところで私は、ナナツバコンロンソウと、シクラメン、サカネラン、シロリンドウ、その他いくつかの植物を見つけた。これで私は上機嫌になり、長いあいだ楽しむことができた。しかし、知らず知らずのうちに、あたりをとりまくものの強烈な印象に圧倒され、いつしか植物学や植物のことを忘れてしまって、ヒカゲノカズラと苔の枕に腰を下ろした。そして、ここは世界中でただ一人知る人のいない隠れ家で、ここなら迫害者に見つけだされることもあるまいなどと考えながら、すっかりくつろいで夢想にふけりはじめた。うぬぼれた気分が、やがてこの夢想にまじってきた。私は、無人島を発見するあの大旅行家たちに自分をなぞらえ、きっと自分はこんなところまで入りこんできた最初の人間なのだ、などと悦に入って考えるのだった。自分をもう一人のコロンブスと見なさんばかりだった。こんなことを考えて得意になっていたとき、ほど遠からぬところで、なにかかちゃかちゃいう音が聞えた。どうも聞きおぼえのある音のようだった。耳をすます。同じ音がまた聞こえ、いつまでも止まない。思いがけなさになんだろうと立ちあがって、音のするほうの藪の茂みに分け入ってみると、私が最初にここまで来た人間だと思っていたその場所からわずか二十歩ばかりの小さな谷間に、靴下工場の建物が見えるではないか。

　そんなものに気づいたとき、どんなに私が困惑し、矛盾した気持ちを感じたかは、とても言いあらわせない。とっさに感じた気持ちは、まったく一人きりだと思っていたのに、人間のなかにいることがわかった喜びの感情だった。しかし、この気持ちは、稲妻より速くたちまちつらい感情にとってかわられ、アルプスの洞窟にいてさえ、執拗に私を責めさいなもうとする連中の残忍な手から逃れることはできないのか、といった思いが重く尾をひくのだった。というのも、あのやくざ牧師のモンモラン(七〇)が首謀者になってはいたが、その淵源はもっと遠いところにあったあの陰謀に加担していないものは、おそらくこの工場には二人といないことを、私は確信していたからである。私は急いでこの嫌な考えを振り払った。そしてしまいに、自分の子供っぽい虚栄心のことが、そのために滑稽な具合に罰せられることになったことが、われながらおかしくて笑いだした。

しかし、まったく、だれが断崖の奥に工場を見かけることなど予期できただろうか。原始のままの自然と人間の営みのこんな混淆が見られるのは、この世でスイスしかない。スイスは全体がいわば一つの大きな都会にほかならず、サン＝タントワーヌの通り(七一)よりも広く長い通りには、ところどころに森林が点在し、山が行く手をはばんでおり、散り散りに孤立した家々は、イギリス式の庭園(七二)を通じて互いにつながっているだけである。このことで思い出したのは、もう一つ別の植物採集のことである。それは、デュ・ペールー(七三)、デシェルニ(七四)、ピュリー大佐(七五)、クレール判事と私が、それより少し前に(七六)、頂上から七つの湖が見渡せるシャスロンの山(七七)に行ったときのことである。私たちが聞いた話では、その山には家は一軒しかないということだったが、もし、それは本屋ですよ、とついでに聞かされていなかったら、そんなところに住む人の職業など、きっと思いもよらなかったことだろう。しかも彼は、その地方でなかなか繁盛してさえいるのだということだった。この種の事実をたった一つ知るほうが、旅行者の書いたものをどんなに沢山読むよりも、スイスという国がよくわかるようになると思う。

次にあげるのは、これと同じ種類の、というかほとんど同じようなもう一つの事実で、これも先のものに劣らず、まったく別な住民気質を知る上で大いに参考になる。グルノーブルに滞在していたころ(七八)、その地の弁護士のボヴィエ氏と、よく郊外にちょっとした植物採集に出かけた。この先生が植物学が好きだったからでも、この方面に造詣が深かったからでもなくて、私の護衛役を買って出ていてくれて、事情の許すかぎり、私の側を一歩も離れまいと決めてかかっていたからである。ある日のこと、私たちはイゼール川沿いに、とげのある柳が一面に生い茂ったところを歩いていた。この灌木に熟した実のなっているのに気づくと、好奇心にかられてちょっと味わってみた。すると、少し酸味があってなかなかいけるので、虫押さえに、その実を何粒か食べはじめた。ボヴィエ氏は私の側にいたが、私を見習うでもなく、なにひとつ言うでもなかった。そこへ彼の友人の一人がたまたま通りかかり、私がその実をつまんで食べているのを見ると、「あなたはまた、なにをなさっているのです？この実が毒ってことをご存じないのですか」と言った。「この実が毒ですって？」私はびっくりして叫んだ。「もちろんです」。彼は答えた。「そのことはだれでもよく知ってますから、この辺ではそいつを食べようとする人なんて一人もいませんよ」。私は、ボヴィエ氏を見つめながら言った。「では、どうして私に教えてくれなかったのですか」。「いえ、それは」と彼はうやうやしい口調で答えた。「とても私には、そんな失礼なことはできませんでしたので」。このドーフィネ地方人の謙遜には吹きだしてしまったが、しかしこのささやかなおやつは中止した。私は、いまでもそう信じているが、自然にとれるもので食べておいしいものは、どんなものでも躰に悪いはずがなく、少なくとも食べすぎさえしなければ害にならない、とそのときも信じていた。しかし正直言って、その日はそのあとずっと、躰を少し気にしていた。だが、結局はちょっと不安を感じただけですんだ。夕食はよく進んだし、いつもよりよく眠った。そして前日、この恐ろしいヒポファエ[七九]の実を十五粒か二十粒のみこんだにもかかわらず、朝起きてみると、躰はまったく元気だった。翌日、グルノーブルでみんなに聞いた話では、この実はほんの少しでも毒になるということだった。この事件は、実におかしかったので、思い出すたびに、弁護士ボヴィエ氏の奇妙な遠慮のことでは吹きださずにいられない[八〇]。

植物学のために私が行なったすべての遠出、心を打つものに出会った場所のさまざまな印象、その場所に触発されて生まれたいろいろな考え、そこにからんできたいろんな出来事、すべてそうしたものは私にいろいろな印象を残したが、同じ場所で採集した植物を見るたびに、それが心によみがえってくる。眺めるたびに感動したあの美しい風景も、あの森も、湖も、木立ちも、岩壁も、山も、もう二度とふたたび見ることはないだろう。だが、もうあの素晴らしい各地の野を駆けめぐることのかなわなくなったいまでも、私の標本を開きさえすれば大丈夫、たちまち昔の場所まで私を連れて行ってくれる。そこで摘んだ植物の断片さえあれば、あの素晴らしい光景がすっかり思い出せる。この標本は、私にとっては、植物採集の日誌で、それを見ると私はまた新たな魅力を感じながら採集をし直す思いがするし、まるでのぞき眼鏡[八一]でものぞいているように、ふたたび私の眼にそのときの光景がほうふつと浮かびあがるのである。

私が植物学に愛着をおぼえるのは、それに付随する一連の想念のせいである。植物学は私の想像力にあらゆる想念をひき寄せ、呼びさまし、それがまたいっそう想像力を喜ばせる。牧場、水面《みなも》、森、孤独、そうしたすべてのものにとりかこまれているときに味わえるとりわけ平安と安らぎ、これが植物学によってたえず私の記憶によみがえってくる。それは私に、人間たちの迫害も憎悪も軽蔑も侮辱も忘れさせ、彼らに対する私の優しい真摯な愛情に彼らが報いたひどい仕打ちも忘れさせる。私を、かつて共に暮らした人たちのような、素朴で善良な人たちにかこまれたのどかな住まいにつれて行く。私の若かったころのことや、汚れのない楽しみのことを思い出させ、もう一度それを味わせてくれる。そして、これまで人間に負わされたいちばんみじめな運命の渦中にあるいまでさえ、なお実によく私を幸せにしてくれるのだ。

八（八二）

これまでの生涯、いろいろ境遇は変わったが、そのときどき自分がどんな気持ちでいたかを考えてみるとき、非常に驚くのは、運命のさまざまな組み合わせと、そこから私が受けた幸福なり不幸なりの日常の意識のあいだに、あまりにも釣り合いがとれていないことである。何回か短くはあったが私が世にもてはやされたころのさまざまな時期に、心に受けた影響のことを考えてみると、内面的で永続的な形では、ほとんどなんの楽しい思い出も残っていない。ところが逆に、生涯でどんなみじめだったときでも、私はいつも優しく、感動的な、まことに快い感情に心が満たされているのを感じていた。それが私の痛めつけられた心の傷口に、よく効く香油をたっぷりとしたたらせ、そのため心の痛みが快感に変わるような思いだったし、しかもその楽しい思い出は、同じころに味わった苦しかった思い出から離れて、それだけで心によみがえってくるのだ。私には、自分の気持ちが、運命のためにいわば心のまわりに抑えこまれて、外に向かおうとせず、人々の評価の対象となる一切のもの——それ自体ではほとんどそんな値打ちはないのに、世間で幸福だと思われている人々には唯一の関心事になっているそういうものに、まったく気持ちが拡散してしまわなかったときのほうが、生きている喜びをよく味わえたし、実際にずっとたくさん生きたように思える。

私のまわりの状況がすべて正常で、自分をとりまく一切のものに満足し、そこで生きなければならない環境にも満足していたころには、私はその環境を愛情で満たしていた。私のあふれる魂は、他のいろいろなものの上に広がっていった。あれもこれもとさまざまな好みにひかれ、心をひっきりなしに占める好ましいものへの愛着にひかれて、たえず自分の外に誘いだされた私は、ある意味で自分を忘れ、自分と関係のないものにすっかり没頭していた。そしてたえず心に動揺をおぼえながら、人事の移ろいの激しさをつぶさに味わっていた。そういう波瀾に満ちた生活をしていては、内心の安らぎも持てず、外面的にも安定の得られるわけがなかった。はた目には幸福そうでも、私には、反省の試練にも耐えて、自分が本当に楽しめるような感情は、一つもなかった。私は他人にも自分にも、けっして完全には満足していなかった。世間の喧噪には耳を覆いたくなるが、一人でいるのはつらくてたまらず、たえず居場所を変えたくなって、どこにいても不満だった。そのくせ私はいたるところで歓迎され、好意を示され、歓待され、ちやほやされた。敵は一人もなく、悪意を持つ人も、やっかむ人も一人もなかった。みんなが私に親切にすることばかり考えてくれるので、私のほうも、よく大勢の人に喜んで親切にしたものだった。財産はないし、定職も後楯もなければ、才能を十分にのばしたわけでも、それを人に十分に認められたわけでもないのに、そうした一切のものに付随した特典は享受していて、どんな身分の人でも、私より運勢のよさそうな人は一人も見当たらなかった。それでは、私には幸福になるための何が欠けていたのか。自分ではわからない。しかし、幸福でなかったことはわかっている。

今日、人間のなかでもいちばん不幸な人間であるための何が、私に欠けているのか。人間どもは、そのために自分たちにできることはみんなしたので、その点、欠けるものは何もない。ところが、こんな哀れな状態に置かれていながら、私はまだ、彼らのなかのいちばん幸福な人間と身分や運命をとりかえようとは思わないし、世に隆盛をきわめている連中のだれになりかわるよりも、徹底してみじめなこんな境遇でも私であるほうがずっといい。一人きりにされてしまって、たしかに私は、自分自身を糧に生きているが、しかし、その糧は尽きない。それに、私はいわば胃に反芻するものもないのに反芻していて、想像力は涸れ、思想も燃えつき、もう心に糧を与えなくなってはいるけれども、私は私だけで十分満足している。私の魂は、躰の器官に覆いかくされ封じこめられ、日一日と衰える一方で、この重い塊りにのしかかられて、もう昔のように、老いさらばえた殻の外へ飛びだすだけの活力はなくなってしまっている。

逆境のなかで、私たちはやむなく、こうして自己へと回帰する。おそらくこういうことがあるので、大部分の人間にとって、逆境はいちばん耐えがたいものとなるのである。私はというと、みずからとがめるべきこととしてはいくつか過ちを犯したことしか思い当たらないし、それも自分の気の弱さのせいだと思えば気も楽になる。なにしろ、一度として計画的な悪事が私の心に入りこみそうになったためしはないのだから。

しかし、馬鹿でもないかぎり、私の境遇を一瞬でも見つめれば、彼らの仕業のあまりのひどさがどうしてわからず、どうして苦しみや絶望で打ちのめされずにいられるだろうか。それがまったく話が違って、私は、人間のなかでもいちばん感じやすい男なのに、それをしっかり見つめていながら、まったく動じることがない。そして内面の葛藤もなく、無理に自分を抑えるのでもなく、ほかの人間ならおそらくだれでもぞっとして正視に耐えないであろうような状態に置かれた自分を、ほとんど平然と眺めている。

どういうふうにして私はこんな境地に達したのだろうか。それというのも、私はずっと以前から陰謀にからめとられていながら、少しも気づかずにいて、はじめて疑いを抱いたころには、とてもこんな平静な心境どころでなかったからである。この思いもかけぬ発見に、私の心は動転した。辱しめと裏切りが私を不意打ちにした。心にやましさのない人間で、こんな類の刑罰に対して心構えのできているような人などあるだろうか。こんな刑罰が予測できるには、それにふさわしい人間でなければならないだろう。私は、足もとに掘られた落とし穴という落とし穴に、ことごとく落ちこんだ。憤懣やるかたなく、激昂して錯乱状態になり、何が何だかわからなくなって、頭がすっかり混乱してしまった。恐ろしい暗闇のなかにほうりこまれたまま、いつまでもほうっておかれたので、私にはもう、行く手を知らせるかすかな光も、そこにしっかりつかまって、絶望に引きずりこまれないようにするための支えも手がかりも見つからなかった。

こんな恐ろしい状態で、どうして幸福に、落ち着いた心境で暮らしてゆけるだろうか。ところが私はいまでもそんな状態にいて、それもいままでよりずっと深くはまりこんでいるのに、そこにまた平静と安らぎを見出し、幸福に落ち着いて暮らしている。そしてそこで、私の迫害者たちが信じられないほどの不安をたえず味わっているのをあざ笑いながら、かたや自分は、花だの雄蕊だの子供っぽいことに夢中といった安らかな気持ちで、彼らのことなどは考えもしない。

どういうふうにしてこんなに様変わりしたのだろうか。自然に、知らず知らずのうちに、なんの苦もなく変わっていった。最初の不意打ちはひどいものだった。人から愛され評価されてもおかしくない人間だと思っていた私、当然その値打ちはあるのだから、尊敬もされ大いに好かれてもいるものと思いこんでいた私が、突然、いまだかつて存在したためしのないような恐ろしい怪物に変貌させられてしまっていたではないか。私には一つの時代の人々がこぞって、わけも言わず、いささかの疑いも持たず、恥とも思わずに、この奇妙な意見に我も我もと心から与していくのがわかる。それなのに私には、この奇妙な変貌の理由が、せめていつかはわかるようになれそうな見込みもありはしない。私は激しくもがいたが、ますますがんじがらめになっただけだった。迫害者たちになんとか無理矢理、釈明させようとしたが、彼らにそんな気のあるわけがなかった。長いあいだむなしく苦しんだ末に、どうしても一息入れなければならなくなった。とはいっても、希望はあいかわらず失ってはいなかった。私はこう考えた。こんなにばかげた愚かしさが、こんなに非常識な偏見が、全人類の心をとらえるわけがない。こんな妄想に与しない良識に富んだ人はいる。ペテンや裏切者を憎む心の正しい人もいる。探してみよう。おそらく最後には一人は人間が見つかるだろう。もし見つかれば、彼らはすっかり参ってしまうにきまっている。探しまわったがむなしく、そんな人は見つからなかった。同盟は万人に及んでいて、一人の例外もなく、恒久的である。私がこういう恐ろしい追放の身のままで、けっしてその謎を見抜くことなく、生涯を終えることは確実だと思う。

こんなひどい状態に置かれていながら、長い苦悶を味わった末に、結局は絶望にいたるのが身の定めにちがいないと思っていたのに、またもとのように平静な心境と落ち着き、安らぎ、幸福さえ見出した。なにしろ私の生活は、毎日が前日の一日を喜ばしい気持ちで思い出し、翌日にもその日と違った日を望んだりしないくらいなのだ。

この違いはどこから来るのだろうか。たった一つのことから来る。それは私が、不平を言わずに、必然の轍を身につけることを学んだからである。まだたくさんのものにしがみつこうとしていたのが、そういう手がかり足がかりを次から次へとことごとく失って自分一人にされてしまい、結局、本来の安定した姿勢を取り戻したからである。四方八方から追いつめられて、私が平衡を保っているのは、もう何にも恋着しなくなって、自分だけを当てにしているからである。

私があれほど激しく世間の考えに反抗して立ち向かっていたころは、自分ではそれと気づかずに、まだ世間の考えの轍を身につけていた。人はだれでも、自分が尊敬している人から尊敬されたいと思うものだから、私が人間を、少なくとも幾人かの人間を好意的に判断できたあいだは、彼らが私に下す判断に無関心でいられるわけがなかった。世間一般の人々の判断が公正なこともよくあるのはわかっていた。しかし、その公正さ自体は偶然の結果であって、世人の意見の基礎となる規準は、もっぱら彼らの情念とそれが作りあげる偏見からとってこられたものにすぎないことも、また、彼らが正しい判断を下すときでさえ、その正しい判断はやはりまだ多くは誤った原則から生まれるということも、わかっていなかった。たとえば彼らがなにかのことで、ある人間の長所を誉めるふりをするのは、公正を旨とする精神によってするのではなくて、公平な態度を装いながら、他のいろんな点で、その同じ人間を思う存分に中傷するためであったりするのである。

しかし、長いあいだむなしく探究したあげく、彼らがみんな例外なく、悪魔のような心でなければ考えだせないような、不正きわまりなく理不尽この上ない組織に依然としてかかわっていることに気づいたとき、――私のこととなると、だれの頭からも理性は追い払われ、だれの心からも公正な気持ちは追いだされるということに気づいたとき、――一つの時代の人々がみな狂ったようになって、指導者たちを見習い、それまでだれにも一度として害を加えたことも、加えようとしたことも、仕返ししたこともない不運な人間に対して、盲目的な激しい憎悪をつのらせていくのを見たとき、——そして十年間むなしく一人の人間を探し求めた末に、ついにランプの火を消して（八三）、もう人間はいない、と叫ばなければならなくなったとき、——そのとき、はじめて私は、ようやくこの地上に自分がたった一人でいることに気づいた。そして私の同時代人は私にとって、衝動で動くだけの機械的な存在にすぎず、彼らの行動は、運動の法則によるしか計算のしようがないのだということ、それがわかった。たとえ彼らの心にどんな意図、どんな情念を想定できたとしても、そんなものでは彼らの私に対する仕打ちが、私に納得できる形で説明されたことにはけっしてならなかっただろう。こうして、私にとって、彼らの内心の思惑などはどうでもよくなってしまった。もはや私は彼らのうちに、さまざまな動きをする物体、私に対する一切の道徳性を欠いた物体しか見なくなった。

　わが身に禍いがふりかかったとき、私たちはどんな場合にも、結果よりも意図にいっそう注目する。屋根から瓦が一枚落ちてくれれば、私たちはずっとひどい怪我をするかもしれないが、悪意を持つ人の手が故意に投げた石ほどには、心を傷つけられない。投げられた石はときに狙いをあやまつが、意図はけっしてあやまることなく目標を射る。肉体的な苦痛は、運命の与える打撃のうちで、いちばんつらくないものである。不運な人間は、自分の不幸の責任をだれに負わせればいいかわからなくなると、運命を責め、運命を人間のように眼や知能を持つものとみて、自分たちを故意に苦しめているのだと考える。こうして賭事に負けた人は、損をしたくやしさから、誰彼かまわずに八つ当たりする。彼は運命が故意に自分を攻めたて苦しめているものと思いこんで、怒りの種を見つけては、自分で作りあげた敵に向かって、やみくもに怒りを燃えあがらせる。分別のある人間は、自分の身にどんな不幸がふりかかっても、そこに理不尽な宿命の所業を認めるだけだから、そういう気違いじみた騒ぎたてはしない。苦しければ悲鳴はあげるが、むきになって怒ったりしない。不幸の餌食になっても、感じるのは肉体的な被害だけ、受けた打撃で躰の傷つけられることはあるとしても、一撃たりとも心にまで達することはない。

そこまでわかっただけでも大したものだが、それで止めてしまうのなら十分ではない。たしかにそれで不幸を断ち切ったことにはなるが、根は残してしまっている。というのも、この根は私たちとは無縁な存在のなかにあるのではなく、私たち自身のなかにあり、そこでこそ完全に不幸を根こそぎにするよう努力しなければならないからである。これが私が自分に立ち戻りはじめたばかりのころから、すでにすっかり感じとったことだった。自分の身に起こることにどんな解釈を加えようとしてみても、理性に照らしてみるとみんな非合理なことばかりだったから、すべてこうしたことは、その原因も、手だても、方法も、私にはよくわからず説明もつけられない以上、そんなものは私にはまったくどうでもよいことであるはずだ、とわかった。また、自分の運命のどんなささいな局面も、その一つひとつが、純然たる宿命の所業とみなされるべきであって、そこになにかの指図だとか、意図だとか、精神的な原因だとかを想定すべきでないということ、かれこれ言って抵抗しても、所詮は無駄なのだから、そんなことはせず運命に服従しなければならないこと、この世でまだ私がしなければならないことは、自分がそこではまったく受身の存在であると考えることだけで、むなしく運命に逆らって、なんとか保ってきたそれに耐える力をあたらすり減らしたりしないようにすべきだということ、などもわかった。これが私の考えたことだった。理性も心情もそれに同意はしていたが、それでもこの心情のほうはまだぶつぶつ不平を言っているのがわかっていた。その不平はどこから来ていたのか。探してみて、私は見つけた。それは自負心から来ていたのである。自負心は、人々に向かって憤慨しただけではすまず、なおも理性に対して腹立ちを抑えかねていた。

こういうことを発見するのは、人が思いそうなほど、やさしいことではなかった。というのも、罪もないのに迫害を受けていると、自分のささやかな個人としての自負を、正義への純粋な愛と長いあいだ勘違いすることになるからである。しかしまた、いったん本当の源がはっきりわかれば、そんなものはたやすく干上がらせることができるし、少なくとも方向を転じさせることができる。自己に対する尊敬は、誇り高い魂をつき動かす最大の動機となるものであるが、自負心のほうは、錯覚をどんどん生みだし、姿を偽って、そうした自己に対する尊敬と寸分かわりのないふりをする。しかし、そんなごまかしがついに露見し、自負心がもはや隠れていられなくなると、そのときからもう恐れることはなくなる。自負心の息の根を止めるのは大変であっても、抑えつけるくらいはやさしい。

私はもともとあまり自負心の強いほうではなかった。ところが、社交界に出入りするようになって、とりわけ著作にはげんでいたころに、この人為的にできあがる情念が私の内部でつのっていった。おそらく他の人よりはそれでも少なかったのだろうが、それでも大変なものだった。私が恐ろしい懲らしめを受けたことで、すぐに自負心はもともとの限度内にまた収まった。はじめのうちこそ自負心は不正に刃向かっていたが、しまいには不正を軽蔑するようになった。魂のうちに沈潜し、自負心を厄介なまでにつのらせる外部との関係を断ち切り、他との比較や選り好みをやめることで、自負心は、私が自分に対して善良であればそれでいいのだと思うようになった。すると、自負心はふたたび自己に対する愛（八四）にもどって自然の秩序に復し、私は世評の軛から解放された。

そのとき以来、私はふたたび魂の平和をとりもどし、ほぼ無上といってよい幸せを見出している。どのような境遇にあっても、人間がいつも不幸なのは、もっぱらこの自負心のためなのである。自負心が口をつぐみ、理性が口をきくようになれば、私たちでは避けようのなかった不幸のことも、結局は理性が慰めてくれる。不幸が直接、私たちの身に及ぶのでないかぎり、理性はそれを消し去ってくれさえする。というのも、そういう場合には、そんなことを気にするのを止めさえすれば、不幸のどんな激しい打撃でもかわすことができるのは確実だからである。不幸は、そのことを考えない者にとっては、なんでもない。無礼も、復讐も、不公平も、侮辱も、不正も、自分が耐えしのんでいる不幸のうちに、不幸そのものだけを見て、意図を見ない人間にとってはなんでもなく、自分で自分に下す評価において、他の人間が好んで与えようとする位置にかかわりなく自分の居場所を定める人間にとっては、なんでもない。人々がどんな具合に私を見ようとも、彼らは私という人間を変えることはできないし、彼らがどんな力を持ち、どんなに陰険な策動をたくらもうが、私は彼らのすることにかかわりなく、彼らにかまわず、ありのままの自分であり続けるだろう。彼らの私に対する気持ちが、私の現実の境遇に影響を及ぼしているのは事実だし、彼らが私とのあいだにもうけた垣根のおかげで、年をとり必要に迫られた私が、一切の生計の元手と援助のあてを奪われているのも事実である。おかげで金さえ私には役に立たなくなっている。なにしろ金があっても、必要な世話は手に入れられないのだから。彼らと私のあいだには、もう交際も、相互扶助も、交通もない。彼らのなかに一人ぼっちでいる私には、頼りにできるのは自分だけしかなく、しかもこの頼りとなるものが、この年齢、この状態ではいかにも心もとない。この不幸は大変なものであるけれども、私が苛立つことなくそれに耐えることができるようになってからは、私に対してすっかり力を失ってしまっている。本当に必要を痛感させられるような折などというのはいつもまれなものである。予想したり想像したりして、それを増殖させているわけで、不安になったり不幸になったりするのは、こんなふうに感情がつながっていくからである。私としては、明日自分が苦しむだろうとわかっていても、そんなことはどうでもよい。今日苦しくなければ、十分、平静でいられる。私は将来に予想される不幸のことで思いわずらったりせず、いま現に感じている不幸を思いわずらうだけなので、不幸はごく些細なものになってしまう。一人きりで病みついて、病床に見捨てられたまま、貧窮と寒さと飢えのために、そこで死んでしまうかもしれないが、だれ一人それを気にする者もないだろう。しかし、私自身がそんなことは気にならず、自分の運命のこともそれがどうだろうと、他の人たち同様、ほとんど苦にならないとしたら、それがどうだというのか。生も死も、病気も健康も、富裕も貧困も、名誉も中傷も、どちらも同じように無関心に眺めることができるようになったことは、とりわけこの年齢では、つまらないことではないだろう。他の老人はみんな、なにもかもに不安を抱いている。私はなににについても不安は持っていない。なにが起ころうと、私にはすべてがどうでもよい。この無関心は私の知恵の賜物ではなく、私の敵からの賜物なのである。だからそうした利益を、彼らが私に与えているさまざまな禍いの償いだと考えることをおぼえよう。逆境に動じない人間にしてくれたことで、彼らは私に、攻撃を手びかえてくれたよりも、いいことをしてくれたことになる。逆境を経験していなかったら、いつまでもそれを恐れていたかもしれないが、いまではもうそれに打ち勝って、恐れていない。

こうした心境のおかげで、私はいろいろ人生の苦難を味わわされているのに、まるで世に栄えときめいている人そこのけに、天性の無頓着さに輪をかけて過ごしている。ときどきほんのわずかのあいだ、なにかの物が眼に映るのをきっかけに、なんともつらかった不安を思い出すときは別だけれども。そのほかのときはいつも、生まれながらの性癖で、心ひかれるままその心情にのめりこんでしまう私は、もともとの心根がそう生まれついていたとおり、いまでもやさしい思いやりを心の糧としている。そして私は、そういう気持ちを私に抱かせる想像上の人物と一緒にそれを楽しみ、まるでそういう人たちが実際に存在しているかのように、その気持ちを分かち持つのである。彼らは生みの親の私にとっては、たしかに実在している。この人たちにならば裏切られる心配も、見捨てられる心配もない。彼らは、私の不幸そのものが消えないかぎり、消え失せはしないだろうし、彼らさえいてくれれば、そうした不幸を十分忘れることができるだろう。

すべてのものが私を、もともとそのために生まれついてきた幸福で穏やかな生活へと連れもどす。生きている時間の四分の三は、身のためになり快くさえ思えるものにかまけて、陶然としてそこに精神と感覚を委ねながら過ごし、そうでないときは、心のむくままに作りあげた空想の子供たちを相手に、彼らと付き合うことで心に思いやりをはぐくみながら過ごして、あるときはまた私一人を相手に、自分自身に満足して、当然自分に与えられるべきものと思っている幸福感で、いまからもう心をいっぱいにしながら私は過ごしている。すべてこうしたことでは、自分自身に対する愛が一切ことを運んでいるのであって、自負心の介入する余地はまったくない。いまでも人々にとりかこまれて、その親切めかしい態度だの、大げさで人を小馬鹿にしたお世辞だの、蜜をぬられた悪意だのにもてあそばれて過ごすみじめな折は、こうはいかない。どんなふうに私が振舞えたとしても、そのときには自負心が登場する。彼らの心のなかに、その粗悪な殻を透して、憎悪と敵意が見えてしまうと、私の心は苦しみに引き裂かれる。こんなに愚かにも自分がだましやすい人間と思われているのかと思うと、この苦しみになんとも子供っぽいくやしさがさらに加わる。これは愚にもつかない自負心の生みだすもので、その馬鹿馬鹿しさは重々承知しているのだが、私にはそれを抑えることができない。人を侮辱し小馬鹿にするようなまなざしに慣れるために、私がどんなに努力したかは信じられないくらいだ。こうしたひどいペテン(八五)に慣れるというただそれだけの目的で、幾度となくみんなが散歩に出かけるところやいちばん人出の多い場所を通ったものだった。私は目的を果たせなかったばかりでなく、まったく進歩さえしなかった。そしてあんなにつらい、しかもむなしい努力を重ねたあげくが、私はあいかわらず元通り、いとも簡単に動揺し、傷つき、怒りだす人間のままなのだった。

　どんなことをするにつけても、感覚に支配されている私は、そこから受ける印象に抗しえたためしがなかった。ある対象が感覚に働きかけているかぎり、私の心はその影響をたえず受ける。しかし、こうした一時的な気分は、それを起こす印象が続いているあいだしか続かない。憎しみを抱く人間が眼の前にいると、私は心に強烈な影響を受けるが、その人間が姿を消せば、たちまちその印象も消え去る。姿が見えなくなる瞬間に、もうその人間のことは考えなくなる。向こうが今後こちらのことを気にすることはわかっていてもなんともならず、向こうのことを気にするわけにゆきはしない。いま現に不幸を感じているのでなかったら、私の心はなんの影響も受けないし、迫害者の姿が見えなければ、私にとってはいないも同然である。こういう態度が、私の運命を握っている連中に有利に働いていることはわかっている。だから、彼らはそれを好きなように操ればよい。連中の攻撃から身をまもるために、いつも連中のことを考えなければならないはめに陥るよりは、抵抗しないで苦しめられているほうがまだましである。

感覚が心に及ぼすこういう作用だけが、私の生活における唯一つの苦しみとなっている。だれにも会わない日には、いまでは自分の運命のことは考えないし、それを実感することもなければ、苦しむこともうない。なにに気をそらされることも、邪魔だてされることもなく、幸せで満足している。しかし、感覚を通じて感取される打撃がなにかあれば、私にはめったにそれは避けられない。だから、思いもよらないときに、陰険な眼つきで見られていることに気づいたり、毒のある言葉を耳にしたり、悪意を持つ人間に出会ったりしたら、もうそれだけで私の気持ちは動転してしまう。そんな場合、私にできることと言えば、早く忘れて逃げることとくらいである。心の動揺は、その原因となったものが消えるとともに消え去り、一人になるとたちまち落ち着きをとりもどす。そうならず、なにかがまだ不安だとすれば、それはこれから先、なにか新しい悩みの種にまた出くわすのではないかという心配である。それだけが私には気がかりだ。しかし、それだけでも十分、私の幸福は台無しになる。私はパリのまんなかに住んでいる。家を出ると、田園に出て孤独になりたいという思いが激しく起こってくる。しかし、それにはずいぶん遠くまで出かけねばならず、のびのびと息を吸えるようになるまでに、胸を締めつけられるようなものに、いろいろ道中出くわすことになる。そして、求め行く避難場所に行き着くまでに、一日の半分は激しい不安のうちに過ぎてしまう。それでもめざす所まで行き着かせてもらえれば、ともかく幸せである。ひきも切らず現われる悪い連中から逃れるときは、なんとも言えず気持ちがよい。緑にかこまれた木蔭に行くと、たちまち地上の楽園にいる思いになり、まるで自分が人間のなかでいちばん幸福な男ででもあるかのような、激しい内面の喜びを味わうのである。

いまでもはっきりおぼえているが、私が世にもてはやされたあの短い時期には、今日ではこんなに楽しみな孤独な散歩が、味気なく退屈なものに思えていた。田舎のさる人の家にいたころ、運動をしたくなったり、戸外の空気を吸いたくなって、よく一人で外に出かけたことがあった。まるで泥棒のようにそっと抜けだし、広大な庭園や田園に散歩に行ったものだった。しかし、今日私が味わっているような幸福な安らぎを見出すどころか、私はそんなところにまで、客間で頭をしぼってきたいろんな空しい考えで揺れる気持ちを持ちこむ始末だった。客間に残してきた仲間のことが、一人きりになっても、しきりに思い出され、自負心の毒気と交際社会のざわめきに、木立ちの爽やかな緑も色あせて見え、せっかくの潜み場所の安らぎもかき乱されることになった。森の奥まで逃げても甲斐はなく、大勢の群れがしつこくどこまでもつきまとってきて、自然をすっかり覆い隠し、私にはなにも見えなくなってしまうのだった。私がふたたびあらゆる魅力をそなえた自然を見出したのは、社会で暮らすことから生まれるさまざまな情念やそれにまつわる嫌なことを振り捨てることができてからのことにすぎない。

こうしたとっさに起こる無意識の衝動を抑えるのは不可能だと思い知ってからは、そのための一切の努力をやめてしまった。打撃を受ければいつも血を沸きたつにまかせ、腹立ちと憤りに五感をすっかり支配させて、どんなに私が力をふりしぼったところで止めることも中断させることもできそうにないこのとっさの爆発を自然にまかせておく。ただ私は、その爆発がなんの結果も生まないうちに、その続発を止めようと努めることだけはする。眼が怒りに燃えたり、顔が火のように赤くなったり、手足がふるえたり、心臓が息苦しくなるほどどきどきしたりするのは、すべて肉体にのみ起因することであって、理屈で考えてもなんともならない。しかし、本性をとっさの爆発にまかせておけば、あとは徐々に正気をとりもどして、ふたたび自分自身を制御できるようになる。これは長いあいだやってみようとしてきて、うまくいかなかったことだが、しかし、ようやくこれまでよりうまくやれるようになった。それで私は、無駄な抵抗に力を費やすのは止め、理性は無理に働かせず、制御できる時の来るのを待つ。なにしろ理性は、自分の声に耳を傾けさせることができるようにならなければ、私に語りかけないから。しかしまた、私はなにを言っているのだろう。理性だって？　理性にこの勝利の栄誉を与えたりすれば、私はまた大変な間違いを犯すことになるだろう。理性はそれにはほとんど関係していないのだから。すべては同じように変わりやすい私の気質から来るのであって、これは激しい風になれば揺れ、しかし風がおさまればたちまち静まりかえる。私を揺り動かすのは私の激しい天性で、私を静めるのは私のものぐさな天性なのである。私はいま起きる一切の衝動に負け、どんな衝動にも、激しく瞬間的につき動かされる。衝撃がなくなれば、たちまち動揺は止み、外から伝えられたもので、私のなかで長くとどまれるものは一つとしてない。運命のどんな出来事も、人間どものどんな策謀も、こういう出来の人間には、ほとんど手のほどこしようがない。私に永続的な苦しみを感じさせるためには、一瞬一瞬、感覚に新しい印象を与えなければなるまい。というのも、間合ができれば、いくら短くとも、そのあいだに私は十分、自分に立ちかえるからである。人々が私の感覚に働きかけることができるあいだは、私は彼らの好きなとおりになっている。しかし、少しでも攻勢がゆるむと、たちまち私は自然が望んだままの私にもどる。人にどんなことをされたところで、これこそが私のいちばん恒常的な状態であり、そうなれば運命などどうであっても意に介さず、私は幸福を味わうのである。私は自分がそのために出来ているとつくづく思う。私はこういう状態を、夢想の一つのなかで描いておいた(八六)。これはまったく私にはうってつけの状態なので、私はそれがいつまでも続いてくれることしか願わず、それがかき乱されることだけを心配している。人間どもが私にしてしまった悪事は、私には少しもつらくない。まだこれからされるかもしれない悪事を恐れる気持ちだけが、私を不安に陥れることができる。しかし、なにかまた新しい手がかりを彼らにつかまれて、いつまでもつらい気持ちを味わわせられるようなことがもうないのは確かだから、彼らのどんな陰謀も鼻で笑って、彼らの思惑など一切意に介せず、私は自分自身を話相手に心ゆくまで楽しんでいる。

九

幸福は一つの永続する状態で、この世の人間向きにできているようには思えない。この地上では一切がたえまなく流動していて、そのため何ものも一定不変の形態をとることは許されない。私たちのまわりではすべてが変化する。私たち自身も変わる。今日、自分の好きなことが、明日も好きかどうかはだれにも確信できない。それゆえ、現世における私たちの幸福設計は、すべて夢、幻である。精神の満足が得られるときには、それをいい方向に役立てよう。誤ってそれを遠ざけたりしないよう気をつけよう。しかし、それを鎖でつなぎとめる計画を立てたりはするまい。そんな計画はまったくの気違い沙汰だから。私は幸福な人間にはほとんど会ったことがない。おそらく一度もない。しかし、心の満ち足りた人にならよく会ったことがある。これまでに心を打たれたものはいろいろあるが、なかでもいちばん私を満足させてくれたのは、そういう人との出会いである。これは、感覚が私の内面の感情に及ぼす力の、自然な結果だと思う。幸福には、外からそれとわかる目印は一つもない。幸福であることを知るには、幸福な人の心のなかを読みとらなければならないだろう。ところが満足感のほうは、眼や物腰、口調、態度などで読みとれるし、また、満足感は、それを眼にする人に伝わるものでもあるようだ。お祭りの日に、住民がこぞって喜びに浸りきっているのを見たり、人生の雲間を通して一瞬ではあるが強く差しこむ喜びの至高の光に打たれて、みんなの心が晴れやかに輝くのを見たりするほど、心なごむ喜びがあるだろうか。

（九）（八七）

三日前のこと、P氏（八八）がいやに勢いこんでやって来て、ダランベール氏の書いた「ジョフラン夫人頌（八九）」を見せた。朗読にかかる前に、この文章にはおかしな新語やふざけた洒落がいっぱいあると言って、長いあいだげらげら笑っていた。読みはじめても相変わらず笑っていたが、私が真面目な顔で耳を傾けているので、水をかけられたようになった。いつまでたっても私が彼に習わないのを見て、とうとう笑うのを止めた。この文章で、いちばん長く念入りに書かれた個所は、ジョフラン夫人は子供たちを見るのが好きで、子供たちにおしゃべりさせるのを楽しみにしていた、と述べているくだりだった。筆者は、夫人のこういう心根を天性善良なしるしとしているが、これはもっともである。しかし筆者はそれだけにとどまらず、夫人と同じ好みを持たない人間はすべて根性が悪く邪悪な人間であると決めつけ、さらに、絞首刑や車責めの刑に処せられる連中に、この点について問いただせば、十人が十人とも子供をかわいがらなかったことを認めるだろう、とまで言っている。こうしたことを主張するのは、場所が場所だけに、妙な印象だった。そのすべてが本当だとしても、そんなことを言う場合だっただろうか。尊敬すべき女性にささげる讃辞を、刑罰だの悪人だのといった比喩で汚す必要があっただろうか。私には、この不愉快なわざとらしさの理由が簡単にわかった。P氏が読み終わったので、その讃辞のなかですぐれていると思ったところを指摘してやったついでに、これを書いた人は、書いているとき、心のなかでは友情よりも憎しみを抱いていますね、と言ってやった。

翌日は寒かったがかなりいい天気だったので、花をいっぱいつけた苔が見つかるかもしれないと思って、士官学校（九〇）まで散歩に出かけた。道すがら、私は前日の来客のこと、ダランベール氏の書いたもののことをあれこれ考えてみたが、あのとってつけたようなエピソードは、なんの思惑もなしにあそこにはめこまれたものだとは、とても考えられなかった。私にはなんでも隠すくせに、そんな私のところに、あの小冊子をわざわざ持ってくるような真似をしたことだけでも、私には十分その目的が何だかわかった。私は自分の子供たちを孤児院に入れた（九一）。それだけでも、まるっきり人でなしの父親扱いにされてしまうには十分だった。そしてそこから、人々はその考えを拡大し育くんで、しだいしだいに、私が大の子供嫌いであるというはっきりした結論をひきだしてしまった。この鎖のようにつながった段階的変化を頭でたどってみて、人間の悪知恵はなんと巧みに白のものを黒と言いくるめるものかと、つくづく感心した。というのも、小さな子供たちがふざけ合って一緒に遊んでいるのを眺めるのが、私ほど好きな人間がこれまでいたためしがあるとは思えないからである。私は通りやみんなが散歩に行くところによく立ちどまって、子供たちのいたずらやかわいらしい遊びを眺めることがあるが、私くらい興味津津とそんなものを眺める人間は一人も見当たらない。P氏が来た日も、彼が訪ねてくる一時間前に、ル・スソワの二人の子供が遊びに来ていた。家主の下の子たちで、上が七歳くらいだった。子供たちは本当にいそいそと私を抱擁しに来てくれたし、私も二人の挨拶にやさしくお返しをしたので、年がこんなに開いているのに、私と一緒にいるのが本当に楽しそうな様子だった。私のほうでも、自分の年とった顔が子供たちを尻ごみさせなかったものだから、有頂天になってしまった。下の子でさえ、私のところに喜んで戻って来たがるふうなので、彼ら以上に子供っぽい私は、もうそれだけでとりわけその子に愛着がわくのをおぼえ、帰りを見送るときは、まるでわが子のように名残り惜しく感じた。

子供を孤児院に入れたという非難が、ちょっとした言い回しで、人でなしの父親だの、子供嫌いだのというひどいものに簡単に変化していったことは、私にもわかる。しかし、ほかのどんな道をとっても、子供たちは千倍もひどい運命に、ほとんど不可避的に見舞われるのではないかというのが心配で、それが私にああいう処置をとらせた最大の理由だったのは確かである。子供たちの将来にもっと無関心だったら、自分ではとても育てられない以上、私のような立場だと子育ては母親とその家族にまかせざるをえなかっただろうが、そんなことになれば子供は母親に甘やかされて駄目になり、家族の者に人でなしに仕立てあげられていたことだろう。それを考えるといまでもぞっとする。（九二）彼らが私の子供たちを私に対してどんな仕打ちをする人間に仕立てあげただろうかと思えば、マホメットがセイド（九三）をどんな人間に仕立てたところで、それに比べれば物の数でない。その後このことで私に対して仕掛けられた罠のことを考えれば、こういう計画が本当に立てられていたことは、十分確信するに足りると思う。実のところ当時、そういう恐ろしい陰謀を予想するなどは思いも及ばないことであった。しかし、子供たちにとっていちばん危険の少ない教育となると、それは孤児院の教育だということはわかっていたので、そこに子供たちを入れたのである。いまでももしそういうことが必要とあれば、昔よりずっと迷うこともなく、そうするだろう。しかも私には、父親であることに慣れて少しでも自然な気持ちが出やすくなっていたら、自分が世のどんな父親よりもやさしい父親になっていただろうということは、よくわかっている。

私が人の心の認識という点で、いくらかでも進歩をとげたとすれば、子供たちを眺めたり観察したりするのが楽しみだったためで、そのおかげでそんな知識も得られたのだ。若かったころは、この同じ楽しみが、そういう認識にとって一種の障害になった。というのも、子供と遊ぶとなると本当に張りきって本腰で遊ぶものだから、子供の研究などほとんど考えてみなかったからである。しかし年をとって、この年寄りくさい顔を見て子供たちがおびえるのに気づいてからは、子供たちにつきまとうのは控えることにした。子供たちの喜びを邪魔するよりは、自分の楽しみを一つくらいあきらめるほうがよかった。そこで私は、子供たちの遊びとそのいちいちの細かい仕草を眺めて満足するのに甘んじていたが、そうした観察のおかげで自然の、初期の、本当の動きについて理解が得られたことで、犠牲を払った償いはとれてしまった。現今のどの学者にもこういうことはなにひとつわかっていない。私の著作のなかには、私がこの研究に細心に打ちこんだ証拠が書きとめられているが、その入念ぶりを見れば、私がこの研究を楽しんでなかったとはとても考えられない。それに、『エロイーズ』や『エミール』が子供嫌いの人間の手になる作品だなどということは、間違いなく、この世でもっとも信じがたいことだろう。

〔九四〕もともと私には機転のきいたところも、なめらかにしゃべれる才能もけっしてなかった。しかし、私の不幸がはじまってからは、舌と頭がますますしどろもどろになってしまった。考えも浮かばなければ、適切な言葉も同様に浮かばない。ところが、子供たちに話す言葉ほど、しっかりとした見識と、正しい表現の選択を必要とするものはない。私のこういう当惑がますます大きくなるのは、私の話を相手が注意して聞いているということに加え、なにしろわざわざ子供たちのためを考えてものを書いた人の話だから、かならず神託を受けたものにちがいないと考えて、私のあらゆる言葉にいろいろと解釈を加え、重味を持たせるということがあるためである。こういう極端な気づまりと、もともとこういうことには不向きと思う気持ちが、私を動揺させ、どぎまぎさせる。だから私にとっては、アジアのどこかの君主の前に出るほうが、小さな子を前にしてその子におしゃべりさせなければならないときより、ずっと気楽なことだろう。

いまはもう一つ不都合なことがあって、私は子供たちからさらに遠ざかっている。」私の不幸がはじまってからも、以前と同じように喜んで子供たちに会っているが、子供たちともう以前のように親しむことはない。子供は年寄りを嫌う。衰えてゆく自然の姿は、子供には見るのも嫌なものである。嫌われているのがわかるとつらい。だから、相手に気づまりな思いや嫌な思いをさせるよりは、かわいがるのをあきらめるほうがまだいいのである。こういう気持ちがはたらくのは、本当に心のやさしい人間の場合だけで、男にせよ女にせよ、当節の物知り博士たちにはおよそ縁のない話だ。ジョフラン夫人は、自分さえ子供たちといて楽しければ、子供たちが自分といて楽しいかどうかなど、ほとんど気にもかけなかった。だが、私にとってそんな楽しみはないよりも悪い。楽しみは共に分かち合うのでなければ、マイナスになる。そしてもう私は、境遇からしても、年齢から言っても、子供の小さい心が私の心と共に花開くように思えたあのころの私ではなくなっている。あんなことがいまでも私に起こりうるなら、そういう喜びはずっとまれになっているだけに、私にとってことさら強く感じられることだろう。それは、先日の朝、ル・スソワの小さな子たちをやさしく抱きしめてやったときに味わった気持ちから、しみじみと感じとったことだった。子供たちを連れて来た女中が私にはあまり煙たくない感じの人で、彼女がいてもそんなに言葉づかいに気をつかう必要を感じなかったことにもよるが、それだけではなくて、子供たちから私に近寄ってきたときの楽しそうな様子がいつまでも消えなかったことと、子供たちが私といても嫌そうでもつまらなそうでもなかったことにもよるのである。

　ああ、まだ短ズボンもはかせてもらえないような幼な児でいいから、もしいまでも心から清らかな気持ちで愛撫してくれることがときどきあったら、もしまだ幾人かの眼のなかに、以前はあんなによく見られた私と一緒にいることの喜びと満足を、少なくとも私がその原因であるような喜びと満足を見ることができるなら、たとえわずかなあいだでも、そんなふうに快く胸の思いを発散できれば、どんなにいろんな不幸や苦悩が償われることだろうか。ああ、そうなれば、あのころ以来、人間のあいだでは拒まれてしまっている好意のまなざしを、動物のあいだに求めたりせずにすむだろうに。そういう経験はほんのわずかしかないけれど、いつもなつかしく思い出すことがあって、そういう例から、察しはつけられる。これから話すのはその例の一つで、どんな状態にせよ、このときのような場合でなかったら、あらかた忘れてしまっていただろうが、そこから受けた感動は、私のみじめさを余すところなくみごとに描きだしている。二年前のこと、ヌーヴェル＝フランス（九五）のほうに散歩に出かけた私は、もっと先まで足をのばすことにした。それから左に折れ、モンマルトルの丘をひとまわりしようと思って、クリニャンクール（九六）の村を横切った。ぼんやりと夢想にふけりながら、まわりのものに眼もとめないで歩いていると、ふいに両膝をつかまれて、はっとした。見ると、五つか六つの小さな男の子が力いっぱい私の膝を抱きしめて、私を見上げている。その様子がほんとに人なつっこく愛くるしいので、私は胸の底から感動して、こう思ったのだった。本当なら自分の子供にもこうされていたろうに、と。その子を抱きあげ、ほとんど夢中になって、何度もキスしてやってから、また歩きはじめた。歩くうちになにかし忘れたことがあるような気がして来て、しきりに後戻りしたくなりだした。あまりに素気なくその子と別れたのが咎められた。その子がしたことには、はっきりとした原因はわからないにしても、なにか無視してはならない一種やむにやまれぬ衝動があるように思えた。とうとう誘惑に負けて後戻りすると、その子のところに駆けつけ、もう一度、抱きしめてやり、ナンテール(九七)の菓子パンを買えるだけの金をやった。たまたまパン売りがそこを通りかかっていたのである。それからその子におしゃべりをさせてみた。お父さんはどこと尋ねると、樽にたがをはめている父親をさした。子供をそこに置いて、父親のところに話しかけに行こうとしたとき、人相の悪い一人の男に先を越されたことに気がついた。それは絶えず私のあとをつけている犬ども(九八)の一人だと私には思えた。男が耳打ちしているあいだ、樽屋の眼がじっとこちらにそそがれているのがわかった。その様子には好意的なところはなにひとつなかった。それを見た瞬間、私は胸を締めつけられる思いがした。そして引き返してきたときよりも、さらに足早に親子のもとを立ち去ったが、一転して不快な動揺をおぼえ、すっかり気分が変わってしまった。

しかし、それからあともかなり頻繁にそのときの気持ちがよみがえるのをおぼえた。またあの子に会えるのではないかと期待して、何度もクリニャンクールを通ってみたが、もう二度と子供にも父親にも会えなかった。その子と出会ったことにしても、いまでも時折私の心にしみ通るどんな感動とも同じで、もういまでは、なつかしさと悲しさのつねに入り混じったかなり生々しい思い出が残されているだけである。

何事にも埋め合わせのつくことはあるものだ。私にはめったに喜ばしいことはなく、あっても束の間に過ぎ去るが、それの訪れるときには、終始そんな思いをしている場合よりも、ずっと強く喜びをかみしめている。再々思い出して、いわば喜びを反芻する。それに、喜びがいかにまれでも純粋で混じり気のないものであるならば、おそらく世にもてはやされていたころより、私は幸福であるだろう。極端に貧しいときには、わずかなもので豊かに感じる。乞食が一エキュ(九九)拾えば、金貨の入った財布を見つけた金持ちより、ずっとどきどきするものだ。迫害者たちが眼を光らせていてもこっそり味わえるような類の、まことにささやかな喜びからさえ、私が心にどれほどの感銘を受けているか、人が知れば笑うことだろう。最近味わった喜びの一つは、四、五年前に経験したことだが、それを思い出すといつも、まったくうまく味わいつくしたものよ、と我ながらうれしくて有頂天になる。

ある日曜日のこと、私たち、妻と私は、マイヨ門(一〇〇)に昼食をとりに出かけた。食事のあと、ブーローニュの森を抜けてラ＝ミュエット(一〇一)まで行き、そこで木蔭の草の上に腰を下ろし、日が沈みきるのを待って、そのあとパシィを通ってゆっくりと家路につくつもりでいた。そこへ二十人ばかり少女が修道女らしい人に連れられてやって来た。私たちのすぐ近くに座る子もあれば、ふざけたわむれている子もあった。みんなが遊んでいるところに、ウーブリ(一〇二)売りが太鼓と回転籤盤をもって客待ち顔に通りかかった。少女たちがたまらなくウーブリがほしそうなのは様子でわかった。なかの二、三人がどうやら何リヤール(一〇三)か小銭を持っているらしく、籤盤をまわさせてほしいと先生に頼みに行った。先生がためらって、ああだこうだと言いあっているあいだに、私はウーブリ売りを呼んで言いつけた。このお嬢さんがたみんなに、一人ずつ順番にやらせてやりなさい。金はみんな私が払うから、と。この言葉をきいて、女の子たちの一行全員にぱっと喜びが広がったが、それだけでも、たとえ財布をすっかりはたいたとしても、それ以上に報われたと思えるくらいだった。

少女たちが我がちにつめかけて少し混乱したのを見て、私は先生の許しを得て、みんなを片側に並ばせ、終わった子から順番に反対側にまわらせるようにした。はずれ籤は一つもないし、空番号に当たった子でも少なくとも一人に一つはウーブリをもらえはしたが——一人としてどうしても不満だという子はないはずだった——、せっかくの楽しみをもっと賑やかなものにするために、私はこっそりウーブリ売りに耳うちして、いつもの彼の奥の手を逆に使って、できるだけいい当たりが多く出るようにしてもらった。弁償はするからと言いそえて。こんなふうに気をきかせたおかげで、一人一回きりしか籤盤をまわしてみなかったのに、ほとんど百個に近いウーブリが行きわたった。一回きりにしたのは、ずるいことをさせることになるのも、不満の元になる依怙《えこ》ひいきを見せるのも嫌なので、その点では私がゆずらなかったからである。妻が大当たりをとった少女たちに、それとなく友達に分けてやるよう言ってやったので、そのため、だいたい公平にウーブリはみんなの手に行きわたり、なおさら喜びはみんなのものになった。

私は修道女の先生に、今度はどうかあなたがおやりくださいと頼んではみたものの、私の申し出など無下に断わられるのではないかと、はなはだ心もとなかった。それを気持ちよく承知してくれて、寄宿生たちと同じように籤盤をまわし、当たったものはもったいぶらずに受け取ってくれた。私はこの先生に限りない感謝の気持ちをおぼえた。そこには一種の礼儀が感じられ、それが私には大いに気に入った。こういう態度は気どった礼儀なんかより、ずっと値打ちのあるものだと信じる。そうこうしているあいだに、口喧嘩がはじまって、裁きをつけてほしいと私に訴えてきた。当事者の少女たちがかわるがわるやって来て、自分の言い分の正しさを訴える、その様子を見ていて気づいたのは、一人としてきれいな女の子はいなかったのに、幾人かの女の子の可愛さは顔のまずさを忘れさせるほどだということだった。

とうとう私たちはお互いに大いに満足して別れた。そしてこの日の午後のことは、私の一生のうちで、いちばん満足のゆく気持ちで思い出す午後のひとときとなった。それにこの華やいだ楽しみには大した金はかからなかった。せいぜい三十スー払っただけで、百エキュ以上の満足が得られたのだった。本当の楽しみは使った金で測られるものではなく、また、喜びはルイ金貨（一〇四）よりはリヤール銅貨の友であるというのは、こんなにも本当のことなのである。またこの小さな一行に会えるかもしれないと思いながら、その後、何度も、同じ場所に同じ時間に行ってみたが、もうそんなことは起こらなかった。

そのことで思い出すのは、これとよく似た部類のもう一つの楽しかった思い出で、これはいまの話よりはるかに昔のことなのに、いまだによくおぼえている。それは私が金持ちや知識人たちの仲間に入っていて、ときにはやむなく彼らのいやな楽しみごとにも加わっていた不幸なころのことだった。私がラ゠シュヴレット（一〇五）にいたとき、ちょうどこの家のあるじの守護聖人の祝日がやって来た。そのお祝いに一家眷族が集まっていた。楽しい賑やかな催しがそのために派手に繰り広げられた。賭事、見世物、祝宴、花火など、行なわれなかったことはないくらいだった。だれも息つく暇もなく、楽しむどころか眼をまわしてぼんやりしていた。昼の食事のあと、外の空気を吸いにみんなで並木道に出かけた。そこには縁日のようなものが立っていた。踊りを踊っているところだったので、殿方たちは百姓女を相手になさったりしたが、ご婦人方ははしたない真似はなさらなかった。そこではパン・デピス(一〇六)も売っていた。一行中の一人の青年が思いついてそれを買いこみ、一つまた一つと人混みのまんなかに投げこんだ。百姓たちが我も我もとパンを拾いに飛びかかり、殴り合ったり、ひっくり返ったりする、それが実に面白い見ものだというわけで、みんながそれにならって楽しもうとした。パンは右に左に飛び交い、娘や若者たちは走りまわり、ひしめき、手足に怪我をする有様だった。それがみんなにはたまらなく面白く思えたらしい。私は心では他の人たちのようには楽しめなかったものの、いらぬ気おくれからみんなの真似をした。しかしほどなく人々を押しつぶさせるために財布を空にするのが嫌になって、育ちのいい人たちをそこに置き去りにすると、一人で縁日をぶらついてみることにした。いろんなものがあって、長いあいだ楽しめた。とりわけ私の眼をひいたのは、五、六人のサヴォワ(一〇七)の少年が、一人の女の子をとりまいている姿だった。その女の子はまだ胸につるした籠のなかに一ダースほど貧弱なリンゴを入れていて、なんとか始末してしまいたい様子だった。サヴォワの少年たちのほうでも始末してやりたいのは山々らしかったが、なにしろみんなの持金を合わせても二、三リヤールしかなく、それだけではリンゴの山を大きく切りくずすわけにはいかない。この籠は少年たちにとってはヘスペリデスの園(一〇八)で、女の子はそこを守る龍であった。こんな喜劇はいつまで見ていても面白かった。とうとう私は女の子にリンゴの代金を払ってやり、それを女の子の手で少年たちに配らせて大団円としてやった。そのとき私は、およそ人の心を楽しませる光景のなかでもいちばん気持ちのよい光景の一つに接した。その年ごろの無邪気さと相まった喜びが私のまわり一帯に広がってゆくのが眼に見える、そんな素晴らしい光景だった。というのも、まわりで見ていた人たちまでが、子供たちの喜ぶのを見て、同じように喜んだからである。私はというと、こんなに安くこの喜びを共にできた上に、それが自分の生みだしたものだと思える喜びまで味わったのだった。

この楽しみをいましがた打ちゃってきた楽しみと比べてみたとき、健全な好みや自然な快楽と、富裕の生む好みや快楽とのあいだにある違いが、しみじみと感じられて満足だった。富裕が生むものは、たいていは人を愚弄する快楽や、人を見下すことから生まれる一人よがりな好みにすぎない。まったく、貧窮のために卑しくなった人々が群がり、踏みつけられ泥まみれになったわずかなパン・デピスを、がつがつと奪い合って、獣のようにひしめき、のどを締め合い、傷つけ合うのを見るのが、一体どんなふうに面白く感じられたというのか。

こういうふうな機会に味わった喜悦の性質についてよく考えてみてわかったことは、それが善行をほどこしたという気持ちよりも、人々の満足そうな顔を見る喜びからきている、ということだった。そういう人々の様子は私にとっては魅力で、心にまでしみ通るものではあるけれども、その魅力はもっぱら感覚からくるものらしい。自分が人を満足させていることがどんなに確かでも、それを眼で見ることができなければ、半分しか楽しめないだろう。それはさらに私にとっては無償の喜びであって、自分がそこに加われるかどうかには関係がない。なにしろ民衆のお祭りがあると、人々のうきうきした顔を見るのが楽しみで、いつもそれを見に行きたくてたまらなくなった。この期待はしかしフランスでは裏切られることが多かった。フランス人は自分では大変陽気な国民だと言い張るけれども、遊ぶときにはそんな陽気さをほとんど発揮しない。昔は私もよく郊外の酒場にしがない庶民の踊るところを見に行ったものだった。しかし彼らの踊りはひどく陰気くさく、物腰もなんとも哀れで、ぎごちないときているので、浮かれた気分になるどころかむしろすっかり滅入った気持ちで帰ったものだ。だがジュネーヴやスイスでは、笑いがのべつ幕なしにひどい意地悪となって発散することはないものの、祭りのときには、満足感と陽気な気分がいたるところにみなぎり、貧しくて眼をおおいたくなるような姿をそこにあらわす者も、贅をつくした姿であたりかまわず振舞う者もいない。安逸と、友愛と、和合の雰囲気が、そういう折には人々の心をほころばせる作用をし、無邪気な喜びに夢中になると、知らない者同士が寄り添って話を交わし、抱き合い、誘い合ってその日の楽しみを共に楽しもうとすることが珍しくない。私自身、こういうすてきな祭りを楽しむには、そこに加わる必要はなく眺めているだけで十分である。見ていると一緒に祭りを楽しんでいる気分になる。上機嫌な顔はこんなにたくさん見られても、私ほど上機嫌な気持ちの者が一人もいないことは確実だ。

たとえそれが感覚の喜びにすぎなくても、たしかにそこには精神的な原因もある。その証拠に、悪人どもの顔にあらわれるそうした喜びやうれしさの表情が、彼らの悪意の満たされているしるしにすぎないことがわかっているときには、そんな同じ様子も、うれしかったり気に入ったりするどころか、私の胸を苦悩や怒りで引き裂かれる思いにすることがあるのだから。罪のない喜びの表情だけが、私の心を喜ばせる。残忍な、人を小馬鹿にした喜びの表情は、それが私になにも関係がなくても、この胸をえぐり悲嘆にくれさせる。こうした表情は、これほど違う原理から出てくるものだから、たしかに正確には同じものでありえないだろう。しかし結局のところどちらも等しく喜びの表情なのだから、感覚でとらえられる両者の相違は、それが私の心にかきたてる情動の相違とは、たしかにまったく釣り合っていない。

苦痛と苦悩の表情には私はなおさら感じやすく、その表情の示している感情よりもおそらくはずっと激しい感情に私自身が揺り動かされずには、直視し続けることができないくらいである。想像力の働きで感覚が鋭敏になって、苦しんでいる人と同化してしまい、本人が感じている以上のひどい苦しみをおぼえることがよくある。不満そうな顔も私にはとても見ていられないもので、その不満が私にかかわりがありそうな心当たりのあるときにはとりわけそうである。以前、人から誘われるままに愚かにも方々の家に出入りしていたころ、下僕たちがいかにも嫌そうな顔をして用を足したり、不満そうで無愛想な態度でいたりするものだから、おかげで何エキュむしりとられる結果になったか、とても言えないくらいである。そんな家では、いくら主人から歓待されても、召使たちがいつもそれをひどく高いものにつかせた。感覚にふれてくる対象、とりわけ喜びや苦しみ、好意や反感の表情を浮かべた対象に、いつも心を動かされすぎる私は、そうした外的な印象にひきずられっぱなしで、逃げだすよりほかには絶対それを逃れることはできない。見知らぬ人のちょっとした表情、ちょっとした仕草、こちらを見るちょっとした眼の動き、それだけでもう私の楽しみはかき乱されてしまうし、また逆の場合だと苦しみが癒されてしまう。私が私のものであるのは、一人きりでいるときだけで、それ以外のときには、私をとりまくすべての人のいいおもちゃになっている。

かつては私も世の中で楽しく暮らしていた。そのころは世間で出会うだれの眼にも好意だけしか見られなかった。最悪の場合でも、せいぜい見ず知らずの人の眼に無関心が読みとられるだけだった。そうでないときは、連中が世人に私の本来の性質を隠そうとやっきになる反面、それに劣らず私の顔を教えることにも熱心なので、一歩街に出るときまって胸をかきむしられるものに取り巻かれる。私は大あわてで急ぎ足に田園に出ようとする。緑が眼に入ると、はじめてほっと息をつく。私が孤独を愛したとて、なにを驚くことがあろうか。人間の顔に私の見るものは敵意だけだが、自然はいつも私にほほえみかけてくれる。

しかし、白状しなければならないが、いまでも私は、顔を知られていないかぎり、人間のなかで暮らすことに喜びをおぼえる。とはいえ、そういう喜びはまずほとんど私には残されていない。数年前にはまだ、私は好んで村々を通り抜け、朝方、農夫が殻竿《からさお》を直しているのを見たり、女が子供たちと戸口に立っているのを見るのが楽しみだった。そうした光景には、どこか私の心にふれるものがあった。ときどき私は我知らず立ち止まって、そういう善良な人々のこまごまとした仕事ぶりに見入ったものだ。気がつくと、どうしてか私は溜息をついている。私がそんなささやかな楽しみにも敏感なのを連中が見てとったかどうか、そしてそんなものまで私から取りあげたくなったかどうかは知らない。しかし、私が通りかかると人々の表情の変わるのが眼につくことや、私を見つめる様子から、連中がこういう名前を知られていない気楽さまで、私から取りあげようとやっきになったことが、いやでもわかってしまう。廃兵院（一〇九）に行ったときには、同じことがさらにはっきりとした形で起こった。この見事な建築には、私はいつも興味をひかれた。三々五々と集まっているあの善良な老人たちの姿を見ると、私はかならず眼がしらが熱くなり、頭の下がる思いがする。この人たちは、ラケダイモン（一一〇）の老人たちと同じようにこう言える人たちである。

我らはかつて

若く、勇敢で、大胆だった（一二）。

私の好きな散歩道の一つは、士官学校の周辺だった。途中あちこちで何人かの廃兵に出会うのが楽しみでもあった。彼らは昔から身についた軍人かたぎの律儀さを持ち続けていて、すれ違うと私に敬礼するのだった。この敬礼は、心で百倍にもして答礼していたが、私にはうれしくてならず、彼らに会う楽しみがそのためにいっそう大きくなった。私は心に感動をおぼえることはなにひとつ隠しておけないものだから、廃兵たちのことや、彼らの姿を見るとどんなふうに感動するかといったことを、よく話題にした。それ以上はなにをする必要もなかった。しばらくたつと、私がもう彼らにとって知らない人間でなくなっていることがわかった。いやむしろ、いままで以上に知らない人間になってしまっていた。なにしろ彼らは、私を一般の人たちと同じ眼で見るようになっていたのだから。もう律儀な礼節は消え、敬礼もおしまいだった。人を寄せつけない態度と憎々しげな眼つきが、はじめのころの礼儀正しさにとって代わった。職業柄、昔から身についた率直さのせいで、他の人たちのようには敵意をせせら笑いの陰険な仮面で隠しておけないものだから、彼らはこの上ない激しい憎しみを、なんともあからさまに私に見せる。それなのに、こうして怒りをだれよりも隠さず私にぶっつけてくる人たちを、心のなかで高く買わざるをえないほど、私のみじめさもきわまっている。

そのとき以来、廃兵院のほうに散歩に出かけても前ほどには楽しめない。しかし彼らに対する私の気持ちは、私に対する彼らの気持ちによって決まったりするものではないから、このかつての祖国の防衛者たちを見ると、あいかわらず敬意と好感を抱かずにはいられない。しかしこちらは先方の良さを認めているのに、相手からはこんなにも報いてもらえないのは本当につらい。たまたまなかにだれか、みんなのように知識を吹きこまれるのを免れたか、それとも私の顔を知らなくて、まったく反感を示さない廃兵に出会うと、このたった一人の人の律儀な敬礼が、他の人たちのとりつく島もない無愛想な態度をすっかり償ってくれる。他の人たちのことは忘れて、ただその人のことばかりを考え、その人は私と同じように、憎しみの情の入りこめない魂の持主の一人なのだと想像する。昨年、川を渡って白鳥島（二二）に散歩に行ったときにも、またそういう楽しい目に会った。一人の気の毒な老廃兵が、舟のなかで相客を待っていた。そこへ私が乗りこんで、船頭に船を出すように言った。流れが激しく、渡るのに手間どった。いつものように邪険にあしらわれたり、すげなくはねつけられるのがこわくて、なかなかこの廃兵に話しかけてみる気になれなかった。しかしその実直そうな様子に私も気を許して、彼と話をはじめた。彼はなかなかしっかりした、立派な人柄の人物のようだった。打ちとけた人当たりのよい話しぶりが思いがけず、すっかり心を奪われた。そんなに人から好意を示されるのは、私には慣れないことだっだ。しかしその驚きも、彼がつい最近に田舎から出て来たばかりだと知るに及んで、消え失せた。まだ私の顔を教えられておらず、知識も吹きこまれていないわけだ、と合点がいった。こうして名前の知られていないのをいいことに、私はしばらくのあいだ一人の人間と会話を交わすことになったが、そのときにおぼえた幸せな気持ちから、どんなにありふれた楽しみでも、それがめったに味わえなくなるとどんなに有難味を増すものか、ということをしみじみと覚った。船から下りるとき、彼はなけなしのリヤール貨を二枚用意していた。私は渡し賃を払い、どうかそのお金はとっておいてください、と彼に言ったが、気持ちを害しはしないかと心配だった。幸いそうはならず、それどころか私の心づかいに感激した様子で、とりわけ下船するとき、彼のほうが年上だったので手を貸してやりまでした心づかいが身にしみたふうであった。私はそのことがうれしくてならず思わず涙をこぼしたが、私がそんなに子供っぽい人間だなどと、だれが一体信じるだろうか。煙草でも買うようにその手に二十四スー貨を一枚握らせてやりたくてたまらなかったが、とてもそんな思い切ったことはできなかった。そのとき私を思いとどまらせたのと同じ気恥ずかしさが妨げとなって、これまで何度も善行をひかえてきたが、そうでなかったらいっぱい喜びを味わえていたところだろう。ひかえた結果は、自分の意気地なさ加減が情なくなっただけなのに。今度の場合は、その老廃兵と別れたあとで、もしあのとき金を渡していたら、清廉な事柄に金銭的な価値を混入させることによって、この高貴さをおとしめ、せっかくの純粋な気持ちをけがすことになり、私自身の原則にいわば反する行為をすることになっただろうと考えて、やがてみずから慰めた。金銭的な援助を必要としている人は急いで援助しなければならないが、この世の日常の付き合いでは、自然な好意と礼儀にまかせきって、それぞれに効果を発揮させておこう。そして金銭ずくのものや金儲けに関係するようなものはなにひとつ、これほど清らかな源泉に臆面もなく近づくことがないようにして、これを腐敗させたり変質させたりすることのないようにしなければならない。オランダでは、時間一つ、道一つ教えるにも金を出させるそうだ。人間としてのいちばん簡単な義務をそんなふうに売りものにするとは、まったく軽蔑すべき国民にちがいない。

客を泊めて金をとるようなところは、ヨーロッパしかないということに私は気づいた。アジアではどこでも、無料で泊めてくれる。もちろんそういうところでは便利な設備がすべて備わっているという具合にはなかなかいかないことはわかっている。しかし、私は人間なのだ、そして人間の家に客として迎えられているのだ、私に宿を提供してくれるのは、純粋に人間としての思いやりからなのだ、と思うことはなんでもないことだろうか。こまごましたものが足りなくても、そんなことは、心のほうが躰よりもいいもてなしを受けているときには、苦もなく耐えられるものである。

十

今日は花開く復活祭（一一三）、はじめてヴァランス夫人と知り合った日から、ちょうど五十年になる。世紀と共に生まれたあの人は、そのとき二十八。私はまだ十七歳にもなっていなかった（一一四）。ちょうど芽生えはじめた体質が、自分ではまだわかっていなかったけれども、生まれつき生気に満ちた心に、新しい熱気を吹きこみはじめたころだった。活発ではあるが優しくてはにかみ屋で、顔立ちもまずまず感じのいい若者に、あの人が好意を持ったとしても驚くにあたらなかったとすれば、あふれるほどの才気をそなえ、においたつようにあでやかで魅力的な女性が、私の心に、感謝の気持ちとともに、自分では感謝と区別などつかなかったそれ以上の愛情を抱かせたとしても、なおさら驚くことはなかった。そうでなく、そんなことより普通ではないのは、この最初の瞬間が、生涯にわたって私を決定し、ことの避けがたい成り行きで、私のその後の運命を作りだしたというそのことである。私の魂は、いちばん大切な機能を躰の器官が発達させていなかったので、まだいかなる定まった形も持っていなかった。魂は、どこかもどかしげに、形を与えてくれることになるはずの瞬間を待っていた。ところがその瞬間は、夫人とのこの出会いで早められはしたものの、それでもそんなに早くは訪れなかった。幼いころからの薫陶で身についた淳朴な素行を守り続けつつ、私は、愛と穢れなさが同じ心に宿るあのすばらしい、しかしまたたくまに過ぎ去ってしまう状態が、私にとっては長く長く続くのを経験した。あの人は私を遠くへやってしまった（一一五）のである。なにかにつけてあの人のことが思い出される。どうしてもあの人のところに戻らなければならなかった。このとき帰ったことが私の運命を定めた。そしてあの人をわがものとするまだずっと以前から、もう私はあの人のなかだけでしか、そしてあの人のためだけにしか生きていなかった。ああ、もし私の心があの人だけで満ち足りていたように、あの人の心が私だけで満ち足りてくれていたら！　どんなにか安らかですばらしい日々を、私たちは一緒に過ごしていたことだろう！　私たちもそんな日々を過ごしはしたが、しかし、そのなんと短く、なんと早く過ぎ去ったことよ！　そしてなんという運命がそのあとにやって来たことか！　私の一生のうちで、私が完全に純粋に、なにに邪魔だてされることもなく私自身であったこのたった一度の短かった時代のことを思い出して、あふれるような喜びをおぼえない日は、眼がしらの熱くなる思いをしない日はない。私が本当に生きたと言いきれるのは、あの時代だけなのだから。ウェスパシアヌス帝のもとで不興をこうむり、田舎に行って安らかに生涯を終えたあの近衛長官とほとんど同じように、私は言うことができる。「私は七十年をこの地上で過ごしたが、生きたのは七年間だった（一一六）」と。この短くはあっても貴重な時期がなかったら、おそらく私は自分というものがよくわからないままできたことだろう。というのも、なにしろ弱い無抵抗な人間なものだから、それからというものは一生、他人の情念に思うままかきまわされ、ゆすぶられ、ひきずりまわされて、これほど波瀾万丈の人生をほとんど受身で生きてきた私には、自分自身の行為のなかから本来私自身に属するものを見分けるなどといったことは、なかなかできた相談ではなさそうだからである。それくらい、厳しい必然はいつまでも私の上に、重くのしかかることを止めなかった。しかし、このわずかな年月のあいだは、あふれるほどに親切で優しい一人の女性に愛されて、したいことをし、なりたいとおりの自分になった。そして、彼女の忠告やお手本に助けられながら、私は余暇を利用して、まだ素朴でうぶだった私の魂に、いっそうふさわしい形を与えることができた。その形は、いまも変わらず、私の魂が持ち続けている。孤独と瞑想を好む気持ちが心のなかに生じ、それとともに心の糧となる外にあふれ出る優しい感情も生まれた。あたりが混乱し騒がしければ、そういう感情は抑えつけられ圧し殺される。落ち着き安らいでいると、それがよみがえり、高揚する。愛するためには、自分のなかに沈潜する必要がある。私は母さん(一一七)に田舎で暮らすよう強く勧めた。谷間の傾斜地に建つ一軒家が私たちの隠れ家となった。その家で私は四年か五年のあいだに、一世紀分もの人生と純粋な充実した幸福を味わった(一一八)。その幸福の魅力を思えば、いまの私の運命のどんな恐ろしさもかき消されてしまう。私は自分の心にかなった恋人が必要だったが、そういう人をいまや持っていた。田舎に住みたくてたまらなかったが、それもかなった。束縛されるのは我慢できない人間だったが、完全に自由だった。自由であるより恵まれていた。なにしろ私は自分が愛着を感じるものだけに縛られ、したいことだけをしていたのだから。私の時間はすべて、愛する人への心づかいに費やされ、そうでなければ野外の仕事にあてられた。こんなに心地よい状態がいつまでも続いてくれることのほかにはなんの望みもなかった。ただ一つの悩みは、こういう状態がいつまでも続かないのではないかという心配だった。私たちの財政上の不如意から生じたこの心配は、根拠のないものではなかった。そのときすぐに私は、そんな不安をまぎらせる気晴らしの種と、そんなことが実際に起こっても困らないようにするための方策を、同時に手に入れようと考えた。いろんな才能を身につけておくことが、窮乏に備えるいちばん確かな方策だと思ったので、女性のなかでもいちばんすばらしい人から受けた援助に、できればいつか報いることができる人間になるために、余暇を用いようと決心した。

訳注

第一の散歩

（一） おそらく一七六二年六月、主要著作の一つ『エミール、または教育について』の出版後、モンモランシを逃れた時をさす。正確には十四年前。

（二） 一七六七年五月一日、ウットンを去った時からとすると、九年になる。

（三） 一七七六年のいろいろな日付が想定されるが、いずれをとるかに定説はないようである。二月二十四日、ノートル・ダム寺院の祭壇に『対話』の原稿をささげようとして失敗した事件、八月二日のコンチ公の死、「第二の散歩」に出てくる十月二十四日のメニルモンタンでの事故、等々。目下のところ、R・オスモンなどが主張するコンチ公の死が有力な説と思われる。

（四） 『ルソー、ジャン＝ジャックを裁く——対話』完成後、迫害者の手でこの草稿が湮滅改ざんされることを恐れて、一七七六年二月二十四日、ノートル・ダム寺院の祭壇にこの草稿をささげようとして失敗したこと、また同年の四月十日ごろ「いまだ正義と真実を愛する全フランス人へ」をパリ市中で配布したことなどをさす。

（五） 医者嫌いについては本巻「第七の散歩」一一五—一一六頁および『エミール』第一巻（白水社版ルソー全集第六巻、四三頁以下）参照。オラトリオ会士については白水社版ルソー全集第三巻（『ルソー、ジャン＝ジャックを裁く——対話』）二六二頁の注（二六）参照。オラトリオ会は教区付司祭が有期誓願のもとに共同生活を送る修道会で、十六世紀にイタリアで生まれたもの。モンモランシでルソーは付き合いのあった二人のオラトリオ会士に『エミール』を贈呈したが、その結果彼らが距離をとりはじめたので、敵方にまわったと考えたらしい。

第二の散歩

（六） 十七世紀中葉にとりこわされたパリをとりまく旧城壁のあとにできた並木大通り。今日のグラン・ブールヴァールに当たる。ようやくこの当時から遊歩道として活気を呈しはじめるが、まだすぐ外側は郊外だった。シュマン・ヴェール通りも、メニルモンタンも、シャローヌも今日ではパリ東部の市中の地名。

（七）　酒場の名前らしい。

（八）　現在のジャン＝ジャック・ルソー通り（パリ第一区）。ルーヴル美術館の北側。

（九）　ルソー自身が『対話』第一（白水社版ルソー全集第三巻、六四頁の注（四）で言うところによると、これは当局のつけた隠し錠で、このため、ルソーを訪れる人はかならず当局の命を受けている隣人との接触を余儀なくさせられたという。

（一〇）　ジャン＝シャルル＝ピエール・ルノワール（一七三二―一八〇七）。一七七四年からパリ警視総監（当時の職名では警察代理官――lieutenant de police リュトナン・ド・ポリス）。

（一一）　シャルロット・ショメ・ドルモワ（一七三二―九一）。

（一二）　『若きエミリーの災厄――徳高く感じやすい魂への教訓のために』（一七七七）。

（一三）　ヴォルテールは一七七六年十二月二十六日付の身内のフロリアン宛の手紙にこう書いている。「ジャン＝ジャックは死んで実によかった。彼が犬に殺されたというのは本当じゃないという人がある。彼の仲間たる犬が彼に負わせた傷は治っていた。……十二月十二日に……彼は悪魔みたいにたらふく喰らい、消化不良になって、犬のように死んだ。」

（一四）　一七七六年十二月二十日付『アヴィニョン通信』は次のように報じている。「ジャン＝ジャック・ルソー氏は転んだのがもとで死んだ。彼は貧しく生き、みじめに死んだ。その数奇な運命は死にいたるまで彼につきまとった。この雄弁な作家の才能について語ることができないのは残念である。なにしろ彼がそれを濫用したので、われわれとしては固く口を閉ざさざるをえないことは、読者も納得されるにちがいない。彼の伝記的事実のほうはそのうちに、彼を殺した犬の名まで含めて、読者の眼にふれるものと見て間違いなかろう。」

第三の散歩

（一五）　プルタルコス『英雄伝』中、「ソロン伝」から引用。ソロン（前六四〇頃―五五八頃）はアテナイの政治家でギリシア七賢人の一人。

(一六) ルソーは誕生直後に産褥熱で母シュザンヌを失う。時計職人であった父イザークから読書の喜びを教えられるが、十歳のとき父は喧嘩沙汰のあげくジュネーヴからニヨンに逃れ二度と戻ることはなかった。子の養育は母方の伯父ガブリエル・ベルナールにゆだねられた。ルソーは十二歳で徒弟奉公に出されたが、修業の厳しさに耐えられず、十六歳のときジュネーヴを出奔、諸方を放浪することになる。

(一七) 十歳のとき同い年の従兄弟アブラアム・ベルナールとボセーのランベルシエ牧師の家に寄宿した。『告白』第一巻(白水社版ルソー全集第一巻、二二頁以下)参照。

(一八) フランスワーズ゠ルイーズ・ドゥ・ヴァランス(一六九九―一七六二)、スイス生まれの新教徒だったが一七二六年サヴォアに逃れカトリックに改宗、サルディニア国王と教会から年金を受給し新教徒を改宗させる役目を務めていた。一七二八年三月、十六歳のルソーはアヌシーで二十八歳のヴァランス夫人にはじめて会い保護を受けた。その後イタリアのトリノの施設に送られてカトリックに改宗、翌春シャンベリーに戻り夫人の家で暮らしながら読書にはげみ教養を積んで、ついには夫人の愛人にもなって一七三九年まで人生でもっとも幸せな歳月を送った(『告白』第二巻、『孤独な散歩者の夢想』十、本巻一六六頁参照)。

(一九) フェヌロン(一六五一―一七一五)。ルイ十四世の孫ブルゴーニュ公の教育係の身で、王の治世を批判した『テレマクの冒険』を書き失脚したカンブレーの大司教。瞑想を通して神にひたすら献身すべしとする静寂主義の立場をとる。

(二〇) 大蔵省収税局長デュパン・ド・フランクイユの秘書をつとめていた。この第一回の自己改革については『告白』第八巻(白水社版ルソー全集第一巻、三九一頁以下)参照。

(二一) 『エミール』第四巻に挿入されているもの。ルソーの自然宗教観が詳述されておりカトリック、プロテスタント双方から糾弾され、『エミール』は禁書となり、逮捕状も出たためルソーは亡命を余儀なくされた。白水社版ルソー全集第七巻参照。

（二二）古代ギリシア末期の著述家（五〇頃—一二五頃）。有名な『対比列伝（英雄伝）』のほかに『倫理論集』がある。ルソーがいかにこの作家を愛読したかについては、白水社版ルソー全集第一巻、一七、一八頁、および一七六二年一月十二日付マルゼルブへの手紙（本巻、一九〇頁）参照。

（二三）フランソワ・ロジエ師はリヨン王立アカデミーの会員で一七七一年から科学雑誌を編集発行していた。ルソーは一七六八年にリヨンで知り合った。

（二四）ルソーは「真理のために人生をささげること」vitam impendere vero というユウェナリス（ローマの諷刺詩人）の言葉を座右銘にしていた。白水社版ルソー全集第八巻、一五八頁、一九一頁参照。

（二五）デルフォイ神殿の破風に刻まれていた銘句。ソクラテスが座右の銘にしたことでも有名。

（二六）リボン事件のこと。十六歳のとき雇われていた邸でリボンを盗んだ罪を下女マリオンになすりつけた。『告白』第二巻（白水社版ルソー全集第一巻、九七頁以下）参照。

（二七）一七二五年に発表されたモンテスキューの小品。

（二八）ルソーはテレーズとのあいだに五人の子供をもうけたが、すべて孤児院に入れた。この捨子のいきさつについては『告白』第七、八巻参照（白水社版ルソー全集第一巻、三七二頁以下など）。

（二九）ルソーが二十年以上も同棲してきたテレーズ・ルヴァスールと結婚したのは一七六八年八月三十日、五十六歳の時である。

（三〇）彼が『告白』のはじめの数巻の清書をはじめたのは一七六四年、五十二歳の時からである。

（三一）アントワーヌ・ファジ（一六八一—一七三一）はオランダでプリント地の生産技術を身につけ、ジュネーヴのレ・パキ（地名）に一七〇六年に工場を建てたという。

（三二）タッソー『イェルサレムの解放』第二歌二十二。イタリア語原文による引用。

（三三）当時のジュネーヴ郊外の地名。

（三四）つげ製の木の球を木槌で打ち、つり下げた鉄の輪をくぐらせる昔の球技。イギリスではペルメルという。

（三五）「第三の散歩」の冒頭参照。

（三六）　スイス西部ジュラ山麓の小さな湖にある島。ヌーシャテルに近い。ルソーは一七六五年の九月十二日からここに滞在し、十月二十五日にベルヌ市会からの退去命令によって去った（『告白』第十二巻、白水社版ルソー全集第二巻、二六七頁参照）。

（三七）　romantique という形容詞は英語から再輸入された単語であるが、フランス語に定着するのは、ルソーのこの『夢想』からと言ってよいらしい。

（三八）　今日、小さなほうの島はほとんどなくなり砂洲で大きなほうとつながっている。大きな島も、十九世紀の水利工事により水位が下がったため砂洲で岸と陸続きになっている。

（三九）　一七六五年九月六日から七日にかけての深夜に、かねて滞在中のヌーシャテル近郊の村モチエで住民から家に投石された。

（四〇）　サン＝ピエール島からの退去命令を受けたあと、ルソーは実際に囚人として滞在させてくれるようニドーの代官グラフェンリード宛に嘆願書を出している。『告白』第十二巻、白水社版ルソー全集第二巻、二七七―八頁参照。

（四一）　テレーズのこと。

（四二）　ジャン＝アントワーヌ・ディヴェルノワ（一七〇三―六五）。医師、植物学者。ルソーは彼とモチエで知り合った。

（四三）　スウェーデンの博物学者リンネ（一七〇七―七八）の主著。一七三五年刊。

（四四）　「ハバクク書」は旧約の予言書。ただしラ・フォンテーヌ（十七世紀の『寓話』で有名な詩人）が感心したのは旧約外典の「バルク書」だという。

（四五）　ギリシア神話。テッサリアの王子イアソンは金の羊毛皮を求めて五十人の英雄たちと巨船アルゴ号で冒険に出る。

（四六）　サン＝ピエール島に川はない。

第六の散歩

（四七）セーヌ左岸の現在のラスパーユ通りのこと。

（四八）南郊からパリに流れこむ川。現在パリ市中では暗渠になっている。

（四九）現在のパリ市にすぐ隣接する南郊の地名。

（五〇）現在のダンフェール＝ロシュロー広場の北、モンパルナス墓地の近くにあった。

（五一）『エミール』ではなくて『告白』第五巻にある。白水社版ルソー全集第一巻、二二二頁参照。

（五二）以下〔　〕でくくった部分は原稿では赤鉛筆などで消されている。おそらくムルトゥーの部分などを除く大部分はルソーが消したのではなく、一七八二年版の編者かだれかの手で消されたもののようである。

（五三）フランソワ＝ジョゼフ・ド・コンジェ、デ・シャルメット伯爵、ダラントン男爵（一七〇七―八九）。ヴァランス夫人の友人。『告白』第五巻、白水社版ルソー全集第一巻、二三七、二四八頁参照。

（五四）エチエンヌ＝フランソワ・ド・ショワズール公爵（一七一九―八五）。ポンパドゥール夫人の庇護を得て、一七五八年に外務大臣となり、以後十年間、政界の要職にあった。ルソーは彼を迫害の黒幕と考えていた。『告白』第十一巻参照。

（五五）イエズス会士でヴァランス夫人の友人だった。

（五六）在俗司祭のド・ビニス師は、駐ヴェネチア・フランス大使館員だったとき、ルソーと知り合った。『告白』第七巻、白水社版ルソー全集第一巻、三二二、三二五頁等参照。

（五七）ポール・ムルトゥー（一七二五―八七）。ジュネーヴの牧師で、ルソーに心酔していた。一七六二年『エミール』断罪のときはルソーの弁護人をかって出た。こののちにルソーの信頼をとりもどし、死の二月前に、ルソーは彼に『告白』の原稿などを託した。

（五八）前七世紀のリディアの王。指にはめると姿が見えなくなる指輪を持っており、それによって羊飼から王になった。プラトン『国家篇』第二巻に見られる有名な伝説。

（五九）十三世紀のジェノヴァの司教、ジャコモ・ダ・ヴァラッジョ（フランス語ではジャック・ド・ヴォラジーヌ）の編んだ聖者伝。

（六〇）　一七二七年にパリのサン＝メダール墓地に埋葬されたジャンセニストの助祭パリスの墓は、二九年ごろから、そこに行った者ははげしいけいれんを起こし、奇跡的に病気が治ったりするという評判がたち、一躍有名になった。これは失意のジャンセニストたちに神が自分たちをよみしたもうたものと受け取られ、「けいれん派」とよばれる熱狂的信者を出現させることになった。集団ヒステリー的行動がますます激しくなり、ついに三二年、王命によりこの墓地は閉鎖された。

（六一）　神学用語。戒律に違反した罪を「作為の罪」といい、戒律によって課された義務を怠った罪を「怠慢の罪」という。

第七の散歩

（六二）　「第五の散歩」の注（四一）参照。

（六三）　スウェーデンの植物学者（一七四〇—九一）。リンネの『植物体系』の監修者。「植物界」はムレーがその序文としてラテン語で書いたもの。

（六四）　ギリシアの哲学者（前三七二頃—二八七頃）。プラトン、アリストテレスの弟子。植物学の祖とされる。

（六五）　紀元一世紀のギリシアの医者。大旅行家で植物学に造詣も深く、著書に『薬物論』がある。

（六六）　ルソーは持病の尿閉症のために、一七四六、七年ごろから一七六一、二年ごろまでのあいだに、多くの医者にかかった。『告白』第十一巻、白水社版ルソー全集第二巻、一九八—九頁参照。

（六七）　ギリシア神話の一つ眼の巨人たち。エトナ火山の地底で鍛冶神ヘパイストスに使われて働くという。

（六八）　ダヴィド＝フランソワ・クレール（またはルクレール）は、スイスはヌーシャテル公国のヴァル・ド・トラヴェールの外科医で、植物学のたしなみもあった。

（六九）　ジュラ山系のモチエ＝トラヴェール近辺の放牧地。

（七〇）　フレデリク＝ギョーム・ド・モンモラン（一七〇九—八三）。モチエ＝トラヴェールでの投石事件のさい（一七六五年九月六日）、住民をそそのかした牧師。

（七一）　パリのセーヌ右岸の現在のバスティーユ広場を中心にほぼ東西にのびる大通り。

（七二）　フランス式庭園は左右対照の幾何学的な造園であるのに対し、イギリス式庭園は自然を生かす造園を旨とする。

（七三）　ピエール＝アレクサンドル・デュ・ペールー、一七二九年オランダ領ギアナ生まれ、十歳で本国に帰国、十八歳で母の再婚のためヌーシャテルに移住。ルソーの忠実な友。『告白』第十二巻、白水社版ルソー全集第二巻、二三一頁とその注（一七）参照。

（七四）　フランソワ＝ルイ・デシェルニ伯爵（一七三三―一八一五）。ヌーシャテル出身の著述家。モチエ時代の友人。

（七五）　アブラアム・ド・ピュリー（一七二四―一八〇七）。元サルディニア軍将校。焚書処分になった著作の著者。彼の山の家の芝生の上で客が議論を交わし、「哲学者のサロン」とルソーは名づけたという。『告白』第十二巻、白水社版ルソー全集第二巻、二三〇頁とその注（一六）参照。

（七六）　一七六四年七月二十五日のこと。

（七七）　ヌーシャテル近郊の山（標高一六〇九米）。しかしデュ・ペールーによると、ルソーはビエンヌ湖北西のジュラ山系のシャスラルという山ととり違えているという。

（七八）　ルソーは一七六八年の七月十一日から八月十二日までドーフィネ州の州都グルノーブルに滞在した。

（七九）　フランス語では hippophaé または argousier 学名を hippophae rhamnoides という。グミ科グミモドキの一種。実は食べられるという。

（八〇）　ガスパール・ボヴィエは後年この事件について『ジャン＝ジャック・ルソーのグルノーブル滞在日録』のなかで、ルソーの話を否定している。ボヴィエによると彼がそんなものを食べて大丈夫かときいたのに、ルソーが大丈夫だと言ったのだという。また、だれもそこに通りかかった者はいないと主張するなど、いろいろ食い違っている。

（八一）　のぞき眼鏡 optique とは、彩色した版画を鏡とレンズを組みこんだ箱にさし入れてのぞく仕掛けで、大道の見世物だった。

八

（八二） この章以後は、清書原稿でなく、下書きのまま残されている。章の冒頭にも単に数字が付されているだけである。

（八三） 真昼のアテナイの町をランプを手に歩きまわり、「人間を探している」といったディオゲネスの故事をふまえている。

（八四） ルソーは「自尊心、自負心、利己愛、うぬぼれ（アムール・プロプル amour-propre）」と「自己に対する愛、自己愛（アムール・ド・スワ amour de soi）」を区別する。「自負心と自己愛を混同してはならない。この二つの情念は、その本性からもその効果からも、非常に異なったものである。自己愛は自然の感情で、すべての動物を自己保存に注意させ、人間にあっては、理性によって導かれ、憐れみの情によって変えられ、人類愛と徳とを生みだすのである。自負心は相対的で、人為的で、社会のなかで生まれ、各個人をほかのだれよりも自分を重んじるようにさせ、お互いに行なうあらゆる悪を人々に思いつかせ、名誉の真の源である感情にすぎない」（『人間不平等起源論』注（XV）、『ルソー・コレクション 起源』、一三七頁）。

「……素朴な情念はすべて直接にわれわれの幸福をめざしているので、それに関係のある目標にしかわれわれをかかずらわせず、自己愛のみを原理としているので、本質的にまったく優しく穏やかなものなのです。しかし障害によって目標からそらされると素朴な情念は到達すべき目標よりも避けるべき障害のほうにかかずらって性質を変えてしまい、怒りっぽく憎しみに満ちた情念になる。まさにこのようにして、善なる絶対感情である自己愛が、利己愛、すなわち互いを比較させ選り好みさせる相対感情になるわけです。利己愛のもたらす喜びはただただ否定的なもので、利己愛はもはやわれわれ自身の幸福によってではなく、他人の不幸によってのみ満足させられるのです」（『第一対話』白水社版ルソー全集第三巻、二一頁）（傍点引用者）。

（八五） bourdes（人をかつぐための嘘）。ここは原稿が読みにくいらしいが、現在多くの版は元ヌーシャテル図書館長ロスレ女史の読みを採用しているのでそれに従う。

（八六） 「第五の散歩」参照。

九

（八七）ルソーは「九」の初稿に、この前行までの導入部を書き加えたものらしく、そのさい、ここの九という番号を消し忘れている。

（八八）ルソーの最晩年によく訪れていたピエール・プレヴォ（一七五一―一八三九）というジュネーヴ出身の人物だろうと言われている。

（八九）ジョフラン夫人（一六九九―一七七七）はパリのサン＝トノレ街にサロンを開いていた名流婦人。ここには百科全書派の哲学者たちがよく出入りした。「ジョフラン夫人頌」は夫人の死の直後にコンドルセに宛ててダランベールの書いたもので、この年の年末に公刊された。

（九〇）士官学校はセーヌ左岸に一七五一年から建築を開始、一七七二年に完成した。そこからセーヌ川までは広いシャン・ド・マルス（練兵場）であった。現在、シャン・ド・マルス広場の逆の端のセーヌ側にはエッフェル塔が立っている。

（九一）「第四の散歩」六九頁参照。

（九二）テレーズの家族に対するルソーの不信感については『告白』の例えば第七巻（白水社版ルソー全集第一巻、三六九頁）、第八巻前半などを参照。

（九三）ヴォルテールの悲劇『マホメット』に出てくるマホメットの解放奴隷。マホメットの狂信的な信者で、命じられてマホメットの敵ゾピールを殺すが、彼はセイドの父であった。

（九四）ここから次のパラグラフのはじめの部分までは原稿にはなく、写稿のみに残っているという。

（九五）パリの北郊にあった酒場の名前。

（九六）現在はパリ市北端にある地名。

（九七）パリ西方の郊外の町。当時、菓子作りの町として知られていた。

（九八）ルソーはずっとスパイにつけられていると思っていた。パリに戻ってからも、ルソーに尾行がつけられていたことは大いにありうるらしい。

（九九）　当時の銀貨。一エキュ＝三リーヴル＝六〇スー。あるいは一エキュ＝六リーヴルにあたるエキュ貨もあった。
（一〇〇）　現在のパリ市の西端、ブーローニュの森の北の入口にあった城門。このあたりは行楽の地になっていて、この門の門番は料理屋もかね、うまい料理を食べさせたという。

（一〇一）　ブーローニュの森の東側に接していた広大な庭園。

（一〇二）　円筒形に巻いたせんべい。ウーブリ売りはルーレットのように円盤についた回転針を客にまわさせ、当たった数だけウーブリを渡した。

（一〇三）　当時の銅貨。一リヤールは四分の一スー。

（一〇四）　当時の金貨。一ルイ＝二四リーヴル。

（一〇五）　ラ＝シュヴレットはパリ北郊モンモランシの近くにあったルイーズ・デピネ侯爵夫人（一七二六―八三）の邸の名。ルイーズは侯爵家に生まれ十九歳で従兄のドニ＝ジョゼフ・ラリーヴ・デピネ侯爵と結婚（四年で離婚）、サロンを開いて多くの文学者・哲学者を招いた。夫ドニ＝ジョゼフの守護聖人、聖ドニの祝日は十月九日である。洗礼名の聖人の祝日を誕生日のように祝う習慣がある。――一七五六年四月、自邸近くのモンモランシにあった小さな別荘レルミタージュを改装してルソーに提供した。彼女の義理の妹ソフィー・ドゥドト伯爵夫人（一七三〇―一八一三）にルソーが激しい思いを寄せたためや、ルイーズの恋人となったグリムとルソーが不和になったために、一七五七年十二月ルソーはここを追い立てられ、近くのモンルイに居を移した。「マルゼルブへの手紙」三、注（一七）本巻二一六頁参照。

（一〇六）　ライ麦粉、蜂蜜、香料などで作る焦茶色の菓子パン。

（一〇七）　サヴォワはイタリアとスイスに接するフランス東部の地方。当時はサヴォワ公国としてサルジニア王国の一部であった。山国で貧しかったのでパリに出かせぎに来る人が多かった。サヴォワ人は煙突掃除人や走り使いになるものが多かったという。

（一〇八）　ギリシア神話のニンフたち。黄金のリンゴの木の植わった園を龍と共に守った。

（一〇九）　廃兵院（アンヴァリッド）はルイ十四世が一六七六年に完成させた傷痍軍人の収容施設。パリはセーヌ川の左岸にあり、現在は軍事博物館などになっている。近くに士官学校がある。

（一一〇）ラケダイモンは古代ギリシアの都市国家、スパルタのこと。
（一一一）プルタルコス『英雄伝』の「リュクルゴス伝」からの引用。
（一一二）現在のアンヴァリッド橋からイエナ橋あたりまでにかけて、セーヌ川にあった島。第一帝政期に左岸に接合された。

十

（一一三）「花開く復活祭」とは枝の主日（枝の日曜日）の別名（「花開く」とは当日教会で祝別される棕櫚の葉などの緑あざやかな色からきた形容らしい）。枝の主日は復活祭の前の日曜日。この年一七七八年には四月十二日。アヌシーにルソーがはじめてついたのは一七二八年の枝の主日で、三月二十一日だった。『告白』第二巻、白水社版ルソー全集第一巻、六〇頁参照。
（一一四）ルソーは一年まちがえていて、実際はまだ十六歳にもなっていなかった。
（一一五）ルソーは、同じ週の聖水曜日（三月二十四日）にトリノに旅立たされる。その地のサンテスプリ救済院で、四月二十三日にカトリックに改宗した。その後一年以上をトリノで過ごし翌年六月ごろにアヌシーに戻った。
（一一六）一七六二年一月二十六日付のマルゼルブへの手紙では、この言葉とほぼ同じ言葉をトラヤヌス帝の廷臣シミリスのものとしている（本巻、一九七、一九八頁参照）。しかし、シミリスはトラヤヌス帝でもウェスパシアヌス帝でもなく、ハドリアヌス帝の近衛長官であるという。ルソーは当時の史書から誤った知識を得たらしい。
（一一七）ヴァランス夫人のこと。『告白』第三巻、白水社版ルソー全集第一巻、一二二頁参照。
（一一八）一七三五年ごろから四〇年ごろにかけてのレ・シャルメットでの生活をさす。詳しくは『告白』第六巻を参照のこと。

マルゼルブ租税法院院長(一)への四通の手紙

私の性格の本当の姿と私のあらゆる行動の本当の動機がわかる(二)

佐々木　康之　訳

一

ド・マルゼルブ様

モンモランシにて、一七六二年一月四日

先日はお手紙(三)を頂戴いたしまして光栄に存じます。まことにうれしく拝読いたしました。その喜びに似つかわしい早さで早速にもご返事をさしあげていましたら、お礼を申しあげるのにこんなに手間どることはなかったのですが、しかし、物を書くのがたいへんつらいということもありますが、こういう時期にはいろいろ面倒なことがおありのことと存じ、そこに私までがご迷惑をおかけするのはしばらくご遠慮申しあげるべきであろうと考えた次第です。最近の出来事の痛手はまだ癒されていないとは申せ、そのことをご承知おきいただけたことは、まことに幸いでした。そのために私をお買いくださっているお気持ちが失われることもなかったわけですから。そのお気持ちは、私のことを実際以上に善い人間と思ったりなさらなければ、もっと私にふさわしいものになることでしょう。

私が世間である種の評判を持つようになってから、私がとったいくつかの決意の動機としてご指摘くださっていることは、おそらく私には過分の栄光と申すべきですが、しかし、あの学者文人たちが私の動機としているものよりは、疑いもなく真実に近いものです。評判を得るためにならすべてを犠牲にするあの連中は、私の感情も自分たちの感情から判断します。私はほかにもいろいろ心に愛着を感じすぎる人間ですから、世間の評判にそれほど敏感にはなれません。自分の喜びと独立を愛しすぎるくらい愛していますから、彼らが考えるほど虚栄心の奴隷になるわけにはとてもまいりません。財産や出世の望みといったものが、楽しい会合や夕食と同じ重みを持って感じられたことの一度もない人間が、世間の評判になりたい一心で、自分の幸福を犠牲にしたりすることはもちろんありません。また、自分にいくらかは才能があると感じ、しかもその才能を認めさせるのに四十歳までかかった男が、ただひたすら人間嫌いの評判を得るために、人のいない所に行って、残りの生涯を退屈して暮らすほど愚かだなどということも、まったく考えられないことです。

とはいえ、私は不正と悪意を何より憎む人間ではありますが、その憎しみは、人々と別れることがなんらかの形で大きな犠牲を要するものであれば、それでもただ憎いからというだけで交際を避ける決心をさせるほど強烈なものではありません。私の動機はそれほど崇高なものではなく、もっと私にとって卑近なものです。私は孤独が生まれながらに好きで、その気持ちは、人々をよく知れば知るほど強まるばかりでした。私は自分のまわりに架空の存在を集めてそれを相手にしているほうが、世間で出会う人々を相手にしているよりずっといいのです。そして世間からひきこもって暮らしながら想像で交際仲間を作りあげているうちに、とうとう自分の見捨ててきたすべての社交界をすっかり毛嫌いするようになりました。あなたは私が不幸で、憂鬱のあまり憔悴しているようにお考えです。ああ、それはなんという考え違いでしょう。パリでこそそのとおりだったのです。パリでこそ黒い胆汁(四)に私の心はさいなまれ、憂鬱な気持ちだったのです。この体液の苦味は、パリ在住中に私が公刊したすべての著作のなかに、いやというほど感じとれます。ともかくそういう著作を、私が一人きりになってから書いたものと比べてみてください。私が思いちがいをしているのでなければ、後者の場合、まやかしのものではないある種の澄みきった魂の落ち着きをお感じになることでしょう。それから見ても、著者の内面の状態について確かな判断を下すことができるはずです。つい最近私の心が味わったひどい動揺をもとに、あるいはこれと反対の判断をお下しになったのかもしれません。しかし、この動揺の根源はいまの境遇にあるのではなく、なにごとにもすぐおびえ、なにごとも極端にまで押しすすめようとする並はずれた想像力にあるのはすぐわかることです。度重なる成功で、たしかに私は名声というものに敏感になりました。それにいくらかでも気高い魂を持ち、いくらかでも有徳な人間であれば、自分が死んでしまったあと、有益な作品が自分の名を冠したまま自分の名をけがし、多くの害悪を流すおそれのある剣呑な作品とすりかえられるのではないかと思えば、とてつもなくひどい絶望に陥らざるをえないでしょう。もしかすると、あんなに心が動揺したので私の病気は亢進したかもしれません。しかし、こうした狂気の発作にもしパリで見舞われていたら、私が自分自身の意志で、自然の手に残されていた最後の仕事にけりをつけなかったかどうか、確信が持てません。(五)

人と交際するときにいつもおぼえた、この自分ではどうにも抑えられない嫌悪の情が、どういう原因から生まれるのかということについては、私自身が長いあいだ思い違いをしていました。私はそれを、なけなしのものではあっても、自分に才気のあるところを会話で示すことができないような、自分の機転のきかなさがくやしいせいだと考えて、その結果また、社交界で当然自分が占めるにふさわしいと思う地位を占めていないのがくやしいせいだと考えていました。しかし、くだらないことを書き散らしたあとで、たとえばかなことを言っても愚か者ととられないことがはっきりとわかったとき、世間のだれからもひっぱりだこになり、いかに私が滑稽きわまりない虚栄心のかたまりであってもそれ以上の高望みはできなかっただろうほどの、いやそれよりはるかに大きな敬意を払われるようになったとき、しかも、それにもかかわらず、以前と同じ嫌悪の情が少なくなるどころかむしろ大きくなったのを感じたとき、私はこの嫌悪は他の原因に由来するものであり、いま享受しているようなたぐいの満足感などは、私に必要な満足感ではないと結論したのでした。

では結局のところ、その原因とはなんなのでしょうか。それは、なにものをもってしても押し殺すことができなかった、あの懐柔しがたい自由の精神にほかなりません。これに比べれば、名誉も財産も名声さえも、私にとっては無に等しいのです。この自由の精神が、高慢な気持ちよりはむしろ怠惰な性分に由来していることは確かです。しかしその怠惰たるや、信じがたいほどのものなのです。どんなことにでもおじけづき、市民生活の最少の義務にさえ耐えられないくらいです。ひとこと言わなければならなかったり、手紙を一通書かなければならなかったり、どこかの家を一軒訪ねなければならなかったりする、そんなことがいったん義務となると、私には耐えがたい責め苦になります。そうだからこそ、人々との普通の付き合いはたまらなく嫌なのに、親密な友情は私にとってこんなにも大切なのです。友情にはもはや義務などありませんから。われとわが心に従うだけで万事がすみます。そうだからこそまた、私はいつも恩恵をほどこされることをあんなに恐れてきました。恩恵はつねに感謝を求めるからで、私は、感謝が義務になるというそのことだけで、恩知らずな気持ちになるのをおぼえます。要するに私に必要なたぐいの幸福は、したいことをすることより、むしろしたくないことをしないことなのです。活動的生活には、私の心をそそるようなものはなにひとつありません。

嫌々なにかをするくらいなら、むしろなにも絶対にしないでいることに百倍も賛成することでしょう。何度も考えたことですが、ただそこに入っているだけでほかにはまったくなんの義務もないのなら、私はバスティーユの牢獄で暮らしたとしても、それほど不幸にはならなかったことでしょう。

そうは言うものの、青年時代にはこれでも立身出世のためにいくらか努力はしたことがあります。しかしその努力は、老後の隠棲と休息だけを目標としたものでした。しかもそれはいかにも怠け者の努力らしく、ときどき思い出したようにするだけでしたから、どんなささやかな成功もけっしておさめることはありませんでした。病気になったことで、自分のいちばんやりたいことを好きなだけやってみる立派な口実ができました。そんな年齢まで生きられるかどうかもわからないのに、将来にそなえてわれとわが身を苦しめるのは狂気の沙汰だと思い、すべてを投げうって、急いで楽しみを味わうことにしました。これが、誓って申しますが、私が世間から隠遁した本当の原因なのです。わが学者文人たちは、これに自己顕示という動機を見つけだそうとしてきましたが、それには、つらいことになんとしても執着しようとする根気のよさというか、むしろ執念がなければなりませんが、それはまさに私の生まれつきの性格とは正反対のことなのです。

そんなに不精なのだとしたら、どうして十年このかたあんなに本を書いてきたのか、それを出版しようとしたのはきっと名声欲があったからだろうが、そんな気持ちとどう両立するのかよくわからないではないか、そうおっしゃるかもしれません。この反論には決着をつけなければなりませんが、そのためにはもっと長く手紙を書き続ける必要があります。それゆえいったんここで筆を置かざるをえません。私のなれなれしい口調がお気にさわらなければ、またこの点にふれることにいたします。まったくのところ、自分の心を打ち明けるときには、私にはこういう調子でしか話すことができないのです。私は飾らず遠慮せず自分を描き、自分で見ているままの、ありのままの私をお見せしようと思います。なにしろ私は、私を相手に人生を過ごしているのですから、私を熟知しているはずです。それに私をよく知っていると思っている人たちが、私の行動や振舞を解釈するその解釈の仕方を見ると、私には彼らがなにもわかっていないことがわかるのです。私一人を除いて、この世に私を知る人はだれもいません。私がすべてを語り終えたときに、それが本当かどうかご判断ください。

　これまでの私の手紙を送り返すようなことは、どうかなさらないでください。みんな燃やしてしまってください。とっておくほどの値打ちはないからです。私のことを配慮してそうしていただくことはありません。またどうか、デュシェーヌの手許にある手紙（六）を取り返すようなことも、お考えにならないでください。私のすべての気違い沙汰の跡をこの世から消さなければならないとしたら、とてつもない数の手紙を取り返さなければなりませんが、私はそんなことのために指一本動かしたくありません。結果が不利になろうが有利になろうが、あるがままに見られることを私は恐れはしません。私は自分のいくつもある大きな欠点を知っていますし、悪徳もすべて痛いくらいに感じています。こうしたものをすべて持ちながら、私は至高の神への期待に胸をふくらませ、生涯に知ったあらゆる人間のなかで、私ほど善良な者は一人としていなかったことを固く信じて死んで行くことでしょう。

二

ド・マルゼルブ様

モンモランシにて、一七六二年一月十二日

一度はじめたことでもあり、私のことを続けてお話しすることにいたします。私にとっていちばん具合が悪いことはおそらく、中途半端な知られ方をすることですから。それに、私がいろいろへまをしても、私を買ってくださっているお気持ちを失うことにはならなかったのですから、率直にお話ししても、そのせっかくのお気持ちを損なうことになろうとは思えません。

しなければならないこととなるとどんなことでも逃げ腰になる怠惰な心、激しくて、胆汁質の、悲しみに陥りやすい、心を動かすどんなことにも極端に敏感な気質、こんな組み合わせは同じ一つの性格のなかで結びつくことができないもののように見えますが、それにもかかわらず、この二つの相反するものが私の性格の基礎を作っているのです。この対立をいろいろな原理で解き明かすことは私にはできませんが、それでもそれが存在していることは私にははっきり感じとれます。これ以上に確かなことはありません。そして私は少なくとも事実によって、その対立の年代記風のものを示すことはできます。そんなものでも、その対立がどんなものか理解する足しにはなるかもしれません。これで子供のころにはもっと活発でしたが、それでも決して他の子供のようなことはありませんでした。なにもかもがこんなふうに退屈なので、私は早くから読書にふけることになりました。六歳のときにプルタルコスを偶然手に入れ、八歳のときにはそれを諳んじていました。心が小説に興味をおぼえるようになる前に、私は小説という小説を読み尽くし、桶に何杯分もの涙を流していました。そこから私の心には英雄的で小説的な好みが形づくられることになりました。それは今日にいたるまで強まるばかりで、あげくのはてには、自分の気違いじみた考えに似たもののほかは、あらゆるものが嫌になる始末でした。若いころには、本で知った人たちと同じような人間に世間でも会えるものと思いこんでいましたから、ある種の隠語を操って私を感心させる術を心得ている人ならだれでもすっかり信用してしまって、いつも口先一つでだまされるはめになりました。私が活発だったのは頭がおかしかったからです。迷いから目が覚めるにつれて、私は好みや愛着や計画を変えてゆきましたが、そうやって変更するたびに、いつも労力と時間を無駄にしたことになります。なにしろ、私はつねにまったく存在しないものを求めていたのですから。経験を積むにつれて、徐々にそんなものを見つける望みを失い、したがってそれを探し求める情熱も失うことになります。さんざ不正なことを味わわされたり目撃したりしたおかげで、ずいぶん私の性格もとげとげしくなりました。人を見習ったり、環境の逃れがたい力にひきずられたりして、ついずるずるとふしだらな生活にはまりこみ、われながら情ない気持ちになったこともたびたびありました。そんなことから、私は自分の生きている時代と同時代人に軽蔑をおぼえるようになったのです。それに、彼らのあいだにいたのでは、この心を満足させることのできるような境遇は見つかるまいという気がしはじめて、私は自分の気持ちを少しずつ、人間仲間から切り離してゆきました。そして、想像のなかで自分のための別の交際仲間を作りあげるのでしたが、なにしろそういう付き合いなら、なんの苦労も危険もなしに仲良くしてゆくことができる上に、いつでも安心して当てにすることができ、私が必要とするとおりの相手でいてくれるわけですから、それだけいっそう私にはそんな付き合いが楽しくて仕方がなかったのです。

そんなふうに自分にも他人にも不満なまま人生の四十年を過ごした末に、私は世間との絆を絶ち切ろうとむなしく努めはじめました。それは自分であんなにつまらないと思っていた交際社会に私を縛りつけていたもので、必要上やむなくいちばん好みに合わない仕事に縛りつけられていたのもこの絆のためでした。自分ではそんな必要を、生まれつき人間が必要としているものだと思っていましたが、その実、それは世間で勝手にそう思いこんでいる必要にすぎなかったのです。そこに突然一つの僥倖が訪れ、私自身のために何をなすべきか、また同じ人間仲間のことをどう考えるべきかについて、私の眼をひらいてくれることになりました。同じ人間仲間のことについて、当時は心で感じることと頭で考えることがたえず矛盾していて、あれほど彼らを憎む理由を持ちながら、それでもまだ愛そうとする気持ちのあることを感じていたのです。私の生涯にあんなに特異な時期を画すことになったあの瞬間を、まざまざと描いてお目にかけることができればいいのですが。私が永遠に生きても、いつもありありと思い起こすであろうあの瞬間のことを。

当時、ヴァンセンヌに監禁されていたディドロに会いに行く途中のことでした。ポケットに『メルキュール・ド・フランス』誌を一冊入れておいたのを、道々ぱらぱらとめくりはじめました。ふと、ディジョンのアカデミーの課題が目にとまります(七)。私の最初の著作を書くきっかけとなったものです。もし突然の霊感らしいもののこの世に存在したためしがあるとすれば、これを読んだとき私の心のなかで起こった動きこそがそれです。突如として私の精神はおびただしい光に照らされ、目のくらむ思いでした。いきいきした無数の考えが、同時に、力強く、混沌として湧きあがってきて、私は名状しがたい興奮と混乱に陥ってしまいました。頭が酔っぱらったようにくらくらするのです。激しい動悸に息がつまりそうで、胸が大きく波うつのです。歩いていてはもう息ができなくなり、通りの並木の根方に倒れこみました。そのままどんなに激しい興奮のうちに半時間を過ごしたことでしょうか。立ちあがってみて気がつくと、上着の前が涙でぐっしょり濡れていたくらいでした。涙を流したことなど気づきもしなかったのですが。ああ、マルゼルブ様、もし私があの木の下で目にしたこと、感じたことの、せめて四分の一でも文字に書きうつすことができたなら、どんなにはっきりと社会体制の一切の矛盾を示してみせたことでしょう。どんなに力強く、現今の諸制度のあらゆる弊害を説き明かしてみせたことでしょう。人間は生まれつき善良であること、ただそういう制度のためにのみ悪人になるのだということを、どれほど単純明快に証明してみせたことでしょうか。あの木の下で十五分のあいだに天啓のようにひらめいた無数の偉大な真理のうちで、記憶にとどめえた限りのものは、私の三つの主要な著作、つまり、あの最初の論文と不平等論、そして教育論のなかに、ごく薄められた形でちりばめられています(八)。この三作は分けられないもので、あわせて一つの全体を作っているのです。それ以外のものはすべて霧消し、その場で書きとめられたものとしては、ファブリキウスの口を借りた文章(九)があるだけです。こんなことで私は、まったくそんなつもりのなかったときに、われながらどちらかと言えば不本意なままに著述家になりました。はじめての成功の魅力と、へぼな物書き連中の批判のおかげで、私が本気でこの道にはまりこむようになったいきさつは、たやすく想像がつくと思います。物を書くための本当の才能が私にはいくらかでもあったのでしょうか。それはわかりません。私の場合は、激しい信念がいつも雄弁のかわりをつとめてきました。そして強い信念に欠けるときには、いつも気の抜けたようなまずい文章しか書けたためしがありません。そういうわけで、私にあの座右の銘[一〇]を選ばせ、私をそれにふさわしい人間にしたのは、そして真理ないしは自分で真理と考えた一切のことにあれほど熱心に執着したのは、おそらく自負心が知らないうちにまた目覚めていたせいなのです。私が書くためにのみ書いたのだったら、だれもけっして私の書いたものを読んでくれなかっただろうと確信しています。

　人間の誤った考え方のなかに彼らの悲惨と悪の根源を発見してからは、あるいは発見したと信じてからは、私自身を不幸にしたのは、ほかでもないこうした謬見だけであって、私の不幸も悪徳も、私自身によりは、はるかにこの境遇に原因がある、そう感じるようになりました。同じころ、かねがね幼年時代から最初の徴候を感じていた病気が、にせ治療師どものあらゆる安請合にもかかわらず、といってそんなものに長いあいだだまされていたわけではありませんが、いよいよまったくの不治の病であることがはっきりとしました[一一]ので、私は、もし自分が首尾一貫した人間でありたいと思い、俗論の重い軛をはっきりと肩の上から払いのけたいと思うなら、もう一瞬も無駄にできないと判断しました。私は急に思い立ち、かなりの勇気をふるって決心を定めました。今日まで固い意志でまずまず立派にその決意を守ってきましたが、それがどれほど犠牲を要したかは私にしかわからないでしょう。たえず時代の潮流に抗して身を持するためには、どれほどの障害と闘わなければならなかったか、いまなお日々闘わなければならないか、それを知る人間は、この私をおいてほかにいないのですから。

とはいえ、この十年間にいくらか最初の決心からそれてしまったことは、私も重々感じています。しかし、あと四年生きられると考えられさえすれば、私はもう一度軛にゆさぶりをかけ、せめても最初の水準まで登りなおし、ふたたびそこから降りてくるようなことはもうあまりしなくなることでしょう。なにしろ、大きな試練はみんなすんでしまったのですし、私にとっては経験で証明されているように、私が自分に課したような生き方だけが、人間が善良に幸福に暮らして行ける生き方であることははっきりとしているのです。これはあらゆる生き方のなかでいちばん人に依存しない生き方であり、自分自身の利益のために他人を傷つける必要に迫られることの決してないただ一つの生き方なのですから。

正直言って、私の著作が名声をもたらしてくれたことで、この私の決心を実行に移すのがずいぶん楽になりました。下手な楽譜写（二）しになっても無事でいられ、そのために仕事にこと欠くことにならないですむためには、すぐれた著作家と思われる必要があるのです。この前提となる肩書がなければ、私は下手な楽譜写しというもう一つの肩書どおりにあまりにすんなりとられるということもありえたでしょうが、おそらくそうなったら私はひどい屈辱感を味わったことでしょう。私は笑われることは平気ですが、軽蔑にはそんなに上手に耐えられないからです。しかし、いくらか名声を得たおかげで、この点で少しは得はしているものの、そんなものは、名声の奴隷になるまい、人から離れて独立して生きようと思うときには、その同じ名声につきもののあらゆる不都合によって、すっかり帳消しになります。私がパリから追い立てられることになったのも、一部はこうした不都合のせいでした。いまでもそれはこの隠れ家にまで私を追いかけてきていて、私の健康が万一少しでも回復することになれば、さらに遠くまで私を追い立てるにちがいありません。この大都会でのもう一つの私の悩みの種は、自称友人たちのあの大群でした。彼らは私をつかまえ、私の心を自分たちの心で判断して、私の流儀でなく彼らの流儀で、どうしても私を幸福にしてみせようとするのでした。私が世間からひきこもったのが不満で仕方がない彼らは、隠れ家まで私を追いかけてきて、なんとかそこからひっぱり出そうとしました。世間から離れて暮らし続けるためには、すべてを断ち切るほかなかったわけです。そのときから、私ははじめて本当に自由になりました。

自由！　いや、まだまだそうではありません。私の最近の著作（一三）はまだまったく印刷されていませんし、あわれな私の躰のこの情ない状態を見れば、著作集（一四）の印刷の仕上がりを生きて見られるとはもうとても思えません。しかし、もし予期に反してそこまで行きつくことができ、決定的に世間の人々に別れを告げることができるならば、どうか信じてください、そのときこそ私は自由になるでしょう。そうでなければ、自由な人間など未来永劫にいないことになるでしょう。ああ、願わくはそうなってくれますように！　ああ、この上なく幸せな日よ！　いや駄目です、生きてその日を見ることは私には許されはしますまい。

まだすっかりお話ししたことにはなりませんので、たぶん、まだ少なくとも手紙一通分はご辛抱していただかなくてはならないでしょう。幸い、こんな手紙を無理にお読みいただく義理はまったくございません。それにお読みいただけるにしても、おそらくずいぶん面倒に思われることでしょう。しかし、どうかお許しください、長々しく書き散らしたこの手紙を清書しようとすれば、すっかり書き直さなければなりませんが、正直のところその気力がございません。あなた宛の手紙を書きますことは、もちろんたいへん楽しいのですが、躰を休めることも劣らず楽しいことでありますし、それにいまのような躰の状態では、長時間続けてものを書くことはできないのでございます。

三

ド・マルゼルブ様

モンモランシにて、一七六二年一月二十六日

私の行動の本当の動機のことはもうおわかりいただけたと思いますので、世間から離れて暮らしだしてからの精神状態のことをお話ししようと思います。しかし、それにはもう遅いという気もします。私の魂は魂らしさを失い、すっかり私の肉体の言いなりになっています。私のあわれな躰は衰えきって、そのため日ごとにますます魂は躰に縛りつけられています。これは、ついに突然、魂が躰から離れ去るときまで続くことでしょう。お話ししたいのは私の幸福のことなのですが、苦しみを感じている最中に、幸福のことなどうまく話せるはずがありません。

私の病気は自然の作ったものですが、私の幸福は私の作ったものです。人からなんと言われようと、私は賢明だった。なにしろ私は、もって生まれた私の条件に可能なかぎり幸福になったのですから。私は自分の幸福を遠くまで探しに行ったりはしませんでした。身近に求め、そこで見つけだしました。スパルティアヌス(一五)の言うところによれば、トラヤヌス帝の廷臣シミリス(二六)は、個人的な不満は何もなかったのに、すべての官職を辞して宮廷を去り、田舎に行って穏やかな暮らしを送り、みずからの墓石に次のような言葉を刻ませたそうです。「余ハ地上ニアルコト七十六年ナリシガ生キタルハ七年ナ

り。」私の払った犠牲は彼ほどのものではないにせよ、ある意味ではこれは私が言ってもいい言葉です。一七五六年の四月九日（一七）に、ようやく私は生きはじめたのでした。

　あなたが私のことをだれよりも不幸な人間と考えていらっしゃることがわかって、どんなにつらい思いをしたか、とても申しあげることはできません。世間の人々もきっとあなたと同じように考えることでしょう。それがまた私にはつらくてなりません。ああ、私の楽しんだ境涯がどんなものだったのか、どうして世界中の人に知ってもらえないのでしょうか。それがわかれば、だれでも同じような境涯になってみようとするでしょうに。それがわかれば、平和が地上に行きわたり、人々は互いにひどい目に遭わせようとはしなくなることでしょう。そしてだれにとっても、悪人になってなんの得にもならないとなれば、悪人なんかはいなくなることでしょう。しかし、一人でいるとき、私はつまるところ何を楽しんでいたのでしょうか。私をです、世界全体をです。存在するありとあらゆるもの、存在しうるありとあらゆるもの、感覚の世界が持つありとあらゆる美しいもの、知的世界が持つありとあらゆる想像可能なものをです。私は自分のまわりに、心を楽しませてくれる一切のものを集めていました。私にこうしたいという欲望がありさえすれば、楽しみはそこまでふくらむわけでした。いいや、どんなに快楽が好きな人でも、いまだかつてこれほどの喜びを味わったことはないにきまっています。彼らが現実に味わう楽しみの百倍も、私は空想で楽しみを味わったのです。

　痛みのため鬱々として夜の長さをつくづく思い知らされるとき、熱のために神経がたかぶって、片時のまどろみも味わうことができないとき、よく私は生涯のさまざまな出来事を考えて、いまの状態から心をまぎらせます。すると、苦い悔恨や、懐かしい思い出や、無念な気持ち、ほろりとする思いが、こもごもにわき起こり、しばらくは苦しみを忘れさせてくれるのです。こうした夢想のなかで、いちばんよく、またいちばん好んで私が思い出すのは、いつの時代のことだとお考えでしょうか。それは青年時代の楽しかったことではありません。そういうことはあまりにも少なすぎましたし、あまりにもつらい思い出とまじりすぎていまして、もうあまりにいまの私から遠いことになってしまいました。私が思い出すのは、世間からひきこもってからの楽しかったことであり、一人きりでした散歩のことであり、またたくまに過ぎ去りはしたが、この上なく楽しかったあの日々のことなのです。自分一人を相手に、私の人のいい純朴な家政婦（一八）や、大好きな飼犬、年とった牝猫、野の鳥、森の牝鹿、大自然、そして人知の及ばぬその創造主を相手に、だれに邪魔だてされることもなく一日中を過ごしたあの日々のことなのです。太陽より先に起きだし、日の出を見に庭に出、うっとりと見入りながら、すばらしい一日が明けそめてゆく光景に立ち会うとき、まっさきに心に浮かぶ願いは、どうか手紙が届いたり客が来たりして、このすばらしい喜びが乱されるようなことがありませんように、ということでした。午前中をいろいろな用事にあて、なにしろみんな別の機会にのばしてもいいことばかりなので、気楽に楽しい気分ですっかりすませてしまうと、急いで昼食をとり、うるさい連中の来ないうちに逃げだして、午後を少しでもたっぷり自分のためにとっておこうとするのでした。どんなに暑い日でも一時前には、照りつける太陽のもとを、忠実なアカート（一九）を連れ、うまく消えうせないうちにだれかが私をつかまえにやって来はしないかとはらはらしながら、歩みを速めて出かけるのでした。しかし、いったんどこかの場所を通り越してしまうことができれば、やれやれ救われたという気持ちになり、さあ、これで今日はもう自分の主人でいられるぞと思うと、はじめてほっと息をつくのでしたが、そのときどんなに胸は高鳴り、わくわくするような喜びをおぼえたことでしょうか。そこで私はもっと落ち着いた足どりになり、森のどこか原始のままの場所、なにひとつとして人の手の加えられたあとを示すものがなく、隷属や支配を思わせるもののない人気のない場所、自分が最初に入り込んだと思えるような、うるさい第三者がだれも自然と私のあいだに割りこんで来ないような隠れ場所を、どこかに探し求めに行くのでした。そういうところでこそ、自然は私の眼にいつも新しい荘麗な眺めを繰り広げてくれるように思われました。エニシダのこがね色やヒースの緋色が、胸をわくわくさせるような豪華さで、私の眼を打ちました。私の上にかぶさるように影をなげかける樹木の堂々としたたたずまい、まわりにある灌木の姿のよさ、足もとに踏んで行く草や花の驚くばかりの多様さ、そうしたものを見るにつけ、私の精神は、観察しようとする気持ちと讃嘆する思いにたえず引き裂かれたものでした。こんなにたくさん興趣をそそるものが、寄ってたかって私の注意をひきつけようと競い合うと、たえずあれもこれもと気をそそられ、ただでさえ夢みがちで怠惰な性分がますます高じて、何度も心のなかでこうつぶやくことになるのでした。「いや、栄華をきわめたソロモンでさえ、この花の一つほどにも着飾ってはいなかった（二〇）」と。

　私の想像力は、こんなに美しく装われた土地を、いつまでも無人のままにしておくような真似はしませんでした。やがて私は、自分の心にかなった人々をここに住まわせました。世間の考えだの偏見だの、一切の人為的な情念ははるか遠くに追い払って、自然の隠れ家に、そこに住むにふさわしい人々を私は運びこみました。こういう人たちですてきな仲間を自分のために作るのですが、私自身その仲間にふさわしくないとは思いませんでした。私は自分の望みどおりの黄金時代を作りあげ、私の生涯で懐かしい思い出をとどめているあらゆる情景、いまでも私の心がそんな目に会いたいと思えるようなあらゆる情景をたっぷり夢みて、そのすばらしい日々を過ごし、人間としての本当の喜び、こんなに快く、こんなに純粋で、これから先の人間にとってこんなに疎縁なものとなってしまった喜びのことを思い、感動のあまり涙まで流したものです。ああ、そんなとき、パリだの、現代のことだの、著者としてのくだらないうぬぼれのことだのが、少しでも頭に浮かび、夢想をかき乱すようなことがあれば、どんなに軽蔑してたちまちそんな考えを追い払い、魂を満たす快い感情にわきめもふらず身をゆだねようとしたことでしょう。しかし、正直に言いますと、なにもかもがこうしてすすんでいる最中に、自分の空想のむなしさを思って、突然、心に深い悲しみをおぼえることもときどきありました。私の夢がことごとく現実になったとしても、私には十分でなかったでしょう。私はさらに多くのことを想像し、夢み、望んだにちがいありません。私は自分の心のなかに、穴のあいたような説明しがたい空虚感を見出したものですが、それは何をもってしても満たすことはできなかったでしょう。それはいわば、私にもどういうものかよくわからないことながら、私に必要なものであることはわかる別の種類の楽しみへのある心のあこがれ、そういったものなのでした。そうなのです、本当にそれさえも楽しみなのでした。なにしろそのために私は、熱い思いと魅力的な悲しみが胸にしみいるように感じられ、そんな気持ちをおぼえずにすむことなど望まなかったことでしょうから。

やがて私は私の想念を、大地の表面から自然のあらゆる存在へ、万物の普遍的な秩序へ、すべてをみそなわす理解を越えた存在へと高めてゆくのでした。すると精神はこの広大無辺な広がりのなかに消え失せ、私は思考することも、推論することも、哲学することもやめました。この宇宙の重みに圧倒される自分を感じて、一種の快感をおぼえました。混沌として入り混じるそれらの偉大な想念に恍惚として身を委ねていました。想像で宇宙の空間にとけこむのが楽しみでした。私の心は、存在の域内におしこまれていると、あまりにも狭苦しく感じるのでした。宇宙のなかで私は息苦しい思いをしていて、無限のなかに翔けのぼって行きたい気持ちでした。もし自然の不可解な謎を残らず解き明かしてしまったら、私の精神が節度を忘れてのめりこんでいった、この茫然自失の底《てい》の恍惚境ほどには、居心地よい気分でなかっただろうと信じます。そういうときには感動のあまり興奮して、ときどき、「ああ、偉大な存在よ、ああ、偉大な存在よ」と叫ぶものの、それ以上なにを言うことも考えることもできませんでした。

　このようにして、これまでどんな人間も過ごしたことのないような魅惑に満ちた日々は、絶え間ない熱狂のうちに過ぎ去っていきました。そして落日を見て、もう帰らなければならないことに気づくと、時の経つ早さに驚き、今日もまた一日を有効に過ごせなかったと思うのでした。もっともっと楽しめたはずだと考えて、無駄にした時を償うために、また明日も来ようとひとりごちたものです。

　いくらか頭に疲れをおぼえはしても心はしごく満ちたりて、私はゆっくりと家路をたどりました。家に戻ると気持ちよく躰を休めて、ただ自分をとりまく物が心に映じるにまかせ、なにも考えず、なにも想像せず、いまの身の上の安らぎと幸福を感じるほかはなにもせずにおりました。食卓の用意がテラスにはもうできていました。少人数の家族水入らずの夕食を、私は大いに食欲を感じながらとりました。私たち家族を結びつける思いやりを台なしにしてしまうような、隷属や従属を思わせるものはどこにもありません。私の犬にしてからが、私の友人ではあっても奴隷ではなかった。私たち、私と犬の気持ちはいつも同じでしたが、向こうがこちらに服従したことは一度もありません。私が晩にずっと上機嫌だということは、その日は一日中、一人きりで過ごしたという証拠でした。人が一緒にいたときには、私は別人のようになりました。私は他人に満足することはめったになく、自分に満足することは絶対にありませんでした。そういう晩にはがみがみどなりちらして、あとはむっつり黙りこんでしまいます。こういうことを言ったのは私の家政婦でした。言われてから自分を観察してみると、いつも彼女の評言の当たっていることがわかりました。おしまいにまた庭を歩きまわるなり、自分のひくエピネット(二二)に合わせてなにか歌を歌うなりしてから、ベッドに入り、眠りそのものより百倍も快い躰と心の安らぎを見出すのでした。

この日々こそ、私の生涯のまことの幸福、苦渋も心配ごとも心残りもまったくない幸福、私の人生のすべての幸福をこれに限っても、自分としては本望だったと思えるような幸福をもたらしてくれた日々なのです。そうなのです、本当に、こういう日が私のために永遠の来世で続いてくれるなら、それ以外の日はまったくなくて結構だし、あんなうっとりとするような瞑想にふけっていられる私が、天使よりはるかに幸福でないなどとは思いません。しかし、肉体が痛み苦しむと、精神は自由をうばわれます。これからはもう、私は一人ではないのです。私を悩ませる客人がおり、この客人から解放されないかぎり、私は私のものとはなりえません。そして、このように甘美な喜びを味わった経験も、いまではもう、そういう喜びが何に気を散らされることもなく味わえるようになる時の来るのを、それほどこわがらずに待つ気にさせてくれているだけです。

ですが、もう二枚目も終わりになりました。でも、まだ一枚はほしいところです。ですから、もう一通、手紙をさしあげます。それでもうおしまいです。お許しください。私は自分のことを話すのは大いに好きなのですが、だれかれなしに話したいわけではありません。それだけに、機会が得られて、それがまたうれしい機会でもあるとなると、ついつい図にのってしまうのです。これが私のよくないところで、また弁解でもあります。なにとぞ悪しからずご了承ください。

四

ド・マルゼルブ様

モンモランシにて、一七六二年一月二十八日

私は自分の心のひそかなひだにまで立ち入って、私の隠棲やあらゆる行動の、本当の動機をお示ししました。これはたしかに、おまえの動機はこんなことだろう、とおっしゃってくださった動機ほど高尚なものではありませんが、しかし、こういう動機だったのだから、私も自分に満足だと思える底のものです。自分をまったくごまかしのない人間と思っている男の魂の誇り、ごまかしのない人間であるために、しなければならないことをする勇気を持ったのは、我ながら立派と言えると信じている男の、そんな魂の誇りを私に与えてくれる底の動機なのです。別の気質や別の性格を身につけるということではなく、自分の気質性格から利益をくみ出して、自分を自分自身にとって有益な人間にし、他人に対してけっして有害な人間にしないということ、これは私の意志にかかっていたことでした。これは並たいていのことではありません。これだけのことが言える人間はあまりないのです。ですから、私はいろいろいたらない点のあることは自覚しているにもかかわらず、自分という人間を高く評価していることをあなたに隠そうとは思いません。

ご存知の例の学者文人たちが、一人でいる人間はだれの役にも立たない、社会での義務をはたして

いない、などといかに叫んだところで無駄というものです（二二）。私としては、モンモランシの農民のほうが、週に六回アカデミーに無駄話をしに行くために、人民からしぼりとった金をもらっているあの暇人たちの一切合切の群れよりも、社会の構成員としてはるかに有用だと思っています。パリに山ほどいるけちな陰謀家どもの出世を助けたりするよりは、私の貧しい隣人たちをそういう機会にいくらかでも喜ばせることのできるほうが、私はずっとうれしく思います。ああいう手合いは、みんな地位を得たペテン師になる栄誉にあこがれている連中で、公共の利益のためにも彼ら自身の身のためにも、ことごとく田舎に送り返して土地を耕やさせてやるべきです。だれもが送るべき生活の範を人々に示すのは、大したことです。自分の腕で働く体力も健康もなくなったとき、思いきって世間からひきこもったところから真実の声をひびかせるのは、大したことです。人々に彼らを不幸にする謬見の愚劣さを教えてやるのは、大したことです。ダランベールが、わがジュネーヴ市民を踏みつけにして、ヴォルテールにへつらう目的でわが祖国に作らせようとした有害施設の建設阻止に、あるいは少なくともその延期に、貢献することができたのは、大したことです（二三）。私がジュネーヴに住んでいたら、『不平等論』の献辞（二四）を公表することも、演劇施設に反対したとき私が語ったような調子で語ることさえできなかったことでしょう。こんなふうに世間からひきこもって暮らしていては、いざというとき同国人の役に立たないかもしれませんが、彼らのなかで暮らしているときのほうが、ずっと役に立たないことでしょう。行動すべきときに行動するなら、どんなところに住んでいても問題はないのではありませんか。それに、モンモランシの住民はパリの住民とくらべて人間として見劣りがするのでしょうか。また、ここの住民のだれかに、子供を都会に出して堕落させるのを思いとどまらせることができたら、子供を都会から親許へ送り返すことができたときと同じくらいによいことをすることにはならないでしょうか。私が貧乏だというだけでも、ああいう口先のうまい連中が全員考えているような意味で、世間の役立たずに私がなる妨げになるのじゃないでしょうか。私は自分で稼げただけしかパンを食べないわけで、いきおい食べていくためには働かなければならず、社会に提供してもらわなければ困りそうなどんなものにも、代金を支払わなければならないではありませんか。たしかに私は、自分に適さない勤め口をお断わりしました。お申し出くださったご厚意を裏切ることにならずにすみそうな才能は、自分にはまったくないという気がしていましたから、お受けしていれば、だれか私に劣らず貧しく、私よりそういう仕事に有能な文筆家から、それを奪ってしまうことになったでしょう(二五)。その仕事を提供してくださったとき、要約を作る能力もあり、関心のない事柄にも専心できる、と私のことをお考えになったのです。しかし実はそうでないのですから、あのときとちがった振舞い方をしていたら、私はあなたをだましたことになり、あなたのご厚意にふさわしくない人間になっていたことでしょう。自分から進んですることをうまくやれないのは、けっして許されることではありませんせん。今時分は、私は自分に不満でいたことでしょうし、あなたもご不満だったことでしょう。そして、こんなふうにあなたにお手紙を書いて楽しみを味わうこともなかったでしょう。とにかく、私は体力の許したかぎりで自分のために働きながら、自分の力なりに社会のためにできるだけのことはしてきました。社会のためにわずかなことしかしなかったとしても、それよりもさらにわずかなことしか社会に要求したことはありません。だから私はいまのままの状態で、社会に対する義務はきれいにすませてあると思っていますので、今後まったく休んでいることができ、自分一人だけのために生きることができるものなら、なんの疚《やま》しさもなくそうすることでしょう。少なくともわずらわしい世間の評判は、全力をあげて遠ざけるつもりです。これからまだ百年生きることになっても、印刷させるためには一行も書かないでしょうし、自分が完全に忘れられてしまってからでなければ、本当にまた生きはじめているとは思わないでしょう。

しかし、ありていに申しますが、私はすんでのことでふたたび社交界にはまりこんでしまい、孤独な生活をやめるところだったのです。それは孤独な暮らしが嫌になったからではなく、それに劣らず強烈な愛好のためで、あやうくそちらのほうをとるところでした。リュクサンブール夫妻が私と知り合いになりたいと望まれたころ(二六)、友人のすべてから見捨てられ打ち捨てられて、私がどんな状態であったか、そのため私の心がどんなに深い苦悩を味わっていたか、そのことをあなたに知っておいていただかなくては、ご夫妻の申し出と愛情のしるしが、悲しみにくれた私の心にどんな気持ちを与えたか、判断していただけないと思います。私は瀕死の状態にありました。ご夫妻がいらっしゃらなかったら、間違いなく悲しみのあまり死んでいたことでしょう。ご夫妻が私を生き返らせてくださったのです。お二人を愛するためにとり返してもらった余命を費やすのはしごく当然のことです。

私はたいへん人なつっこくはありますが、自分一人で自足できる心を持っています。私はあまりに人間が好きなので、相手を選ぶ必要はありません。人間はだれでも好きです。人間が好きなればこそ、不正を憎み、人間が好きなればこそ、人間を避けるのです。人間を見ないでいると、人類の不幸にそれほど悩まないですみます。人類に対するこの関心があるだけで、心の糧としては十分です。私には個人的な友達は必要ではありませんが、そういう友達がいる場合は、そういう友達を失わないことが大いに必要になります。友達が離れて行くと、心を引き裂かれる思いがしますから。私は友達に友情しか求めませんし、友が私を好いてくれ、そのことがわかってさえいたら、私は友の顔を見る必要すらおぼえないだけ、離れて行く友はその点でいっそう罪深いわけです。ところが彼らはいつでも感情のかわりに、世間の人の眼に見える心づかいや奉仕を持ってきたがるのでした。私にはそんなものはいりませんでした。私は彼らを愛していたのに、彼らのほうでは私を愛しているように見えることが望みだったのです。なにごとにおいても見せかけのものを軽蔑する私は、そんなことで満足はしなかったのですが、それでもそんなものしか見出せなかったので、もうあれこれ言うことはやめにしました。正確に言えば、彼らは私を愛するのをやめたのではありません。私を愛してなどいないことに、私が気づいただけなのです。

　こうして私は生涯ではじめて、心に孤立無援のさびしさをひしひしとおぼえていることに、しかもそれが、世間を離れた生活のなかで、いまとほとんど同じくらい病気の身で、一人孤立無援でいることに、突然、気づいたのでした。あのお二人にはじめて心をひかれていったのは、こういう状況にあったときでした。これは、これまでのあらゆる愛着のまたとない償いになってくれました。この気持ちはもう、なにによっても埋め合わせはつかないことでしょう。私の命の続くかぎり続くものと思っているくらいで、なにが起ころうと私が人に心を寄せる最後の機会となることでしょうから。私は他の身分を支配している身分の人たちに激しい反感を抱いていることを、あなたに隠すことはできません。隠すことができない、というのも間違っているくらいです。まったくのところ、名門のお生まれであり、フランス大法官(二七)のご子息であり、高等法院の一つの院長でいらっしゃるあなたに、そのことを打ち明けるのに、私はなんのこだわりも感じないのです。そうなのです。面識のなかった私にかずかずの恩恵をほどこしてくださったあなたに、生まれつきだれにも恩を感じたくない性分の私なのに、なんの抵抗もなく恩を感じているあなたに向かって、そのことを打ち明けるのになんのこだわりも感じません。私は高貴の方々が大嫌いです。彼らの身分が、その無慈悲さが、その偏見が、その卑劣さが、その一切の悪徳が、大嫌いなのです。こんなに彼らを軽蔑していなかったら、もっともっと嫌っていたところです。このような気持ちを抱きながら、私はモンモランシのお邸に、いわばひきずられて行ったのでした。お邸の主人夫婦に私は会いました。お二人は私を好きになってくれました。私もお二人が好きになりました。生きているかぎり、私の魂のありったけの思いをこめて、お二人を愛してゆくことでしょう。あの人たちのためなら、私はこの命を、とは言いますまい。こんな健康状態では、この捧げものは粗末すぎます。いまの世の人々のあいだで得ているこの名声を、とも言いません。そんなものは私には、ほとんどどうでもいいことです。そうではなく、あの方たちのために私は、これまで私の心を動かしたただ一つの光栄を、私が後世に期待している名誉を、後世の人々が贈ってくれるであろう名誉を、捧げたいと思います。そういう名誉は、当然、私に与えられるべきだし、後世はつねに公平であるからです。（二八）私は心情として、中途半端な愛着を持つことがまったく苦手で、あの人たちに心をすべて捧げてしまいましたが、それは悔んでいません。悔んでも無駄でさえあるでしょう。いまさら取り消してもはじまりませんから。あの方たちにすっかり夢中になって、幾度となく私は、そばで余生を送れるよう、お邸のどこかに、ひっそりと住めるところを都合してくださるまいかと、よほど頼もうかと思いました。あの方たちは喜んで頼みをかなえてくれたことでしょう。かりに、お二人のそれまでのなさり方からみて、もうとっくに申し出てくださっているのだ、と考えるべきでないとしても、です。この計画はたしかに、私がいちばん時間をかけ、いちばん楽しんで思いめぐらしたものの一つでした。しかし結局のところ、これはうまくないと、不本意ながら考えざるをえませんでした。私は人と人との心の結びつきばかりを考えていて、私たちのあいだに介在して、私たちを疎遠にすることになったであろうと思われるいろいろなもののことは考えに入れていませんでした。それになによりも私が病気でそのために困っていた最中でしたから、そういう障害は種類といわず数といわず山ほどもあったわけで、そんな計画は思いつかせた気持ちをくんでもらって、やっと許せるような代物でしかないのです。それに新しくはじめなければならなかっただろう暮らし方は、私のどんな好みや習慣とも、あまりに正反対のものなので、そんな暮らしにはただの三月も耐えられなかったことでしょう。さらにまた、たとえいかに住む所が近くなったところで、身分の違いがあいかわらず元のままである以上、意味はなく、身近な付き合いの最大の魅力となるあの甘美で親密な関係は、私たちのあいだにはつねに欠けていたことでしょう。私はリュクサンブール元帥の友人でも召使でもなく、客人であったことでしょう。わが家にいる気がしないので、以前の自分の住みかがしじゅう恋しくなったにちがいありません。愛する人たちから遠く離れたところで、その人たちの近くに行きたいと望んでいるほうが、反対の望みを抱くようなはめになるより百倍もましです。もう幾段階か身分が近ければ、私の生活はすっかり変わっていたことでしょう。夢のなかで私は幾度となく思い描いたものでした――リュクサンブール殿は公爵でなく、フランスの元帥、どこかの古いお城に住む人柄のいい田舎貴族、ジャン゠ジャック・ルソーは作家でも物書きでもなく、凡庸な頭ながら知識は少しあって、お城の殿様と奥方の御前に出たところ、すっかり気に入られ、お二人のそばで人生の幸福を見出し、お二人の幸福のためにもなる——、こんな夢がもっと楽しいものとなるように、マルゼルブのお城（二九）を肩で一押しして、そこから半里のところまで寄せてくることをお許しいただけるなら、こんなふうに夢見ていながら、当分、眼を覚ましたくなる気づかいはなかろう、と思えて参ります。

　しかし、もうおしまいです。もうあと私に残されているのは、この長い夢を見おさめることだけです（三〇）。まったく、ほかの夢はすべていまからではいかにも時期にそぐいませんし、モンモランシの城館で過ごしたような甘美な時を、まだ数刻でも持てると期待できるなら、それで十分すぎるほどなのです。いずれにしましても、これが感じているままの、さまざまにゆれる感情を持つ私の姿です。もし私にその値打ちがありましたら、雑然と書きつらねました以上の文面から、私という人間をご判断ください。これ以上うまく整理して書くことはできませんし、書き直す気力もありませんので。あまりに赤裸々に書きすぎたために、ご厚意を失うことになりましたら、私は、元来私に過ぎた私のものでないものを、不当に取りこむのを止めたことになります。しかしそれでもご厚意を失わずにすむのでしたら、それはこれまで以上に私にかなったものとして、いっそう私にとって大切なものになることでありましょう。

訳注

(一) クレチアン゠ギヨーム・ド・ラモワニョン・ド・マルゼルブ(一七二一―九四)。フランス大法官の子として生まれ、一七四七年、高等法院の一つである租税法院(御用金裁判所)の院長となる。一七五〇年以来出版統制局局長を兼務、検閲を当時として考えられるかぎり寛大にし、進歩的な学者文人を保護した。大革命の国王裁判では、国王の弁護につとめ、みずからも断頭台で処刑された。

(二) この四通の手紙が書かれたいきさつについては『告白』第十一巻、白水社版ルソー全集第二巻、一八九―一九二頁参照のこと。一七六二年十月二十六日(『告白』十一巻に「(手紙執筆の)数年後」とあるのはルソーの間違い)にスイスからルソーは、この四通のコピーを送ってくれるようマルゼルブに頼んでいる。この「マルゼルブ租税法院院長への四通の手紙――私の性格の……」という表題は、そのコピーを束ねた紙にルソーが書きこんだもの。

(三) 一七六一年十二月二十三日付のルソーの手紙に対する同年十二月二十五日付のマルゼルブの返信。

(四) 古代医学の四体液の一つ。脾臓から出て、憂鬱悲哀の情を生むとされた。

(五) 自殺したかもしれないの意。

(六) デュシェーヌは『エミール』の出版をひきうけたパリの書店主。『エミール』の印刷は、なにかよくわからぬ事情でなかなかはかどらなかったため、ルソーは改ざんされるのではないかという妄想にとりつかれ、デュシェーヌに何通か手紙を出した。

(七) 一七四九年七月二十四日にディドロは『盲人に関する手紙』の唯物論、無神論を理由に逮捕され、ヴァンセンヌの城に監禁された。釈放されるのは十一月三日である。ルソーは何度か面会に行ったが、ディジョンのアカデミーの懸賞論文の課題が載ったのは、『メルキュール・ド・フランス』の十月号なので、この事件は十月中のことと考えられている。この日のことは『告白』第八巻の冒頭にも詳しく書かれているが、このマルゼルブ宛の手紙の記述のほうがより事実に忠実に思われる。

（八）　ルソーは『学問芸術論』『人間不平等起源論』『エミール』をあげて『新エロイーズ』『社会契約論』をあげていない。『新エロイーズ』は別として『社会契約論』に言及していないのは、この時期、ルソーはまだフランスでこの著作のことをだれにも話していないからだとプレイヤード版解説者は言っている。

（九）　『学問芸術論』第一部、『ルソー・コレクション　文明』、二五、二六頁参照。

（一〇）　ルソーが「真理のために生命をささげること」Vitam impendere vero というユウェナリスの言葉を座右の銘にして、はじめてその銘句を彫った印章を用いたのは、一七五九年三月十八日である。

（一一）　ルソーは持病の尿閉症のために、一七四六、七年ごろから一七六一、二年ごろまでのあいだに、多くの医者にかかった。一七五〇年『学問芸術論』の公刊直後にも五、六週間、床についたが、このとき、医師があと六か月の命と言ったのを聞いて、自己革命を決意したという。『告白』第八巻、白水社版ルソー全集第一巻、三九二頁以下参照。

（一二）　晩年ルソーは写譜によって生計をたてていた。

（一三）　『エミール』と『社会契約論』のこと。

（一四）　前年十二月、オランダの出版社主レイがはじめてルソーに自伝の執筆をすすめるが、レイの考えではその自伝をルソーの著作集の第一巻に入れるつもりだった。

（一五）　アエリウス・スパルティアヌス。ローマの歴史家。何人もの皇帝の伝記を書いているが、この逸話は彼の本のどこにもないらしい。

（一六）　『孤独な散歩者の夢想』十、本巻、一六七頁、および注（一一六）参照。

（一七）　この日、ルソーはテレーズとその母親と共にレルミタージュに移り住んだ。レルミタージュは、モンモランシ（パリ北郊十九キロ）の谷間にあり、デピネ夫人が自領内の別荘を改造してルソーに提供したもの。デピネ夫人と喧嘩別れして、モンモランシの近くのモンルイに移る翌年の十二月十五日までルソーはここに住み、ドゥドト夫人との恋を知り、ディドロたちと絶交した。

（一八）　テレーズのこと。

（一九）　犬の名。
（二〇）「なぜ、衣服のことで思い悩むのか。野の花がどのように育つのか、注意して見なさい。働きもせず、紡ぎもしない。しかし、言っておく。栄華を極めたソロモンでさえ、この花の一つほどにも着飾ってはいなかった」『新共同訳聖書』マタイによる福音書六―二八（ルカによる福音書一二―二七）。
（二一）　小型のクラヴサン。
（二二）　よく知られているように、ディドロが戯曲『私生児』（一七五七年二月刊行）のなかで「一人でいるのは悪人だけ」と書いたことが二人の不和の原因となった。
（二三）　ジュネーヴの協会はスペクタクル（見せ物）を禁じていたが、一七五五年二月にジュネーヴに永住権を得たヴォルテールは、市内の私邸（デリース）で芝居の上演を試みて当局の抗議を受けていた。一七五七年に刊行された『百科全書』第七巻の項目「ジュネーヴ」のなかで執筆者ダランベールは、ジュネーヴに劇場を建てるべきであると提案した。ルソーはこれに対して『スペクタクル（見せ物）に関するダランベール氏への手紙』を書き「一ジュネーヴ市民」として反論を加えた。
（二四）　ジュネーヴ共和国にささげられた献辞。
（二五）　一七五九年十一月十五日にマルゼルブは『ジュルナル・デ・サヴァン』誌（一六六五年創刊の文芸雑誌）の編集者の口を人を通じてルソーに提供させたが、ルソーは断った。仕事の内容は、月に二回届けられる書物の要約を作ることだけだった。『告白』第十巻、白水社版ルソー全集第二巻、一三四頁参照。
（二六）　リュクサンブール元帥夫妻とルソーが知り合ったのは一七五九年の四月の復活祭のころである。『告白』第十巻、白水社版ルソー全集第二巻、一三九頁以降参照。
（二七）　旧制度下で、国王に次ぐ行政・司法の最高の官職。国王の代理人として終身の地位である。シャンスリエ Chancelier という。
（二八）『対話』と『夢想』のころのルソー、とりわけ『夢想』のルソーはこの考えを放棄する。「第一の散歩」（本巻、一四頁）、「夢想のための下書二六」（白水社版ルソー全集第二巻、四五八頁）などを参照。
（二九）　マルゼルブはパリの南方にある小さな町。フォンテーヌブローに近い。ここの城は十五世紀に再建されたもの。十八世紀になって、マルゼルブの父、大法官のギヨーム・ド・ラモワニョンが買い取った。

(三〇)「私の一生は、その日その日の散歩によって章分けされる長い夢想にほぼほかならなかった……」(夢想のための下書き一)、白水社版ルソー全集第二巻、四四七頁。

解説　ジュネーヴ市民から孤独な散歩者へ

川出　良枝

本書に収められた『孤独な散歩者の夢想』は、一七七六年から一七七八年にかけて執筆されたとされる。七八年の七月にこの世を去ったルソーの最晩年の作品である。刊行されたのは、一七八七年である（『告白』の最初の六巻と共に刊行）。また、あわせてマルゼルブへの四通の手紙を収録した。租税法院長官マルゼルブは、一七五〇年より出版統制局局長を兼務し、『百科全書』をはじめとする出版物の検閲に際して、暗黙の許可という形で出版を側面から支援した。ルソーとも交流が深く、『エミール』の出版の遅延に焦燥感を募らせていたルソーにマルゼルブが暖かな励ましの書簡を送ったのに対し、ルソーが返書として書いたものがこの四通の手紙である。後の一連の自己弁明の作品群に先駆けるものである。

*

「こうして私は、いまや自分自身のほかには兄弟も、近しい者も、友も、付き合う相手もなく、この地上に一人きりになってしまった。人間のうちでいちばん付き合いやすく人なつっこくもある男が、みんなの合意で仲間はずれにされてしまったのだ。」

『孤独な散歩者の夢想』はこのような衝撃的な一文ではじまる。そこにおけるルソーの孤独とは、まずは親しい友人たちとの断絶に由来するものであろう。ディドロ等、百科全書派の仲間と決別し、尊敬していたヴォルテールは不倶戴天の敵となり、イギリスに温かく迎え入れてくれたヒュームとも喧嘩別れするなど、ルソーの晩年は寂しいものであった。「みんなの合意で仲間はずれ」とは、ルソーの一方的な言い分で、こうした対立の原因については、公平に見て、ルソー自身にも大いに問題があったと言えよう。だが、ルソーの強烈な個性にとって、フィロゾーフ達が織りなした社交の空間は結局は安住できるものではなかったのであろう。

その後関係はいったんは修復されたとはいえ、ディドロとルソーの関係が抜き差しならない状況にまで先鋭化したのは一七五七年のことであった。かたや『百科全書』の出版に奔走するディドロに対し、ルソーはパリの社交界から距離を置き、隠遁志向を強めていた。また、信仰の問題に深く思いをめぐらせはじめたルソーは、ディドロやドルバックの無神論的傾向に強い反発も覚えるようになっていた。こうしたなか、ルソーは、ディドロの『私生児』のなかの一節「一人でいられるのは悪人だけである」を自分への当てつけだと確信し、激怒する。とげとげしい手紙のやりとりがあり、ディドロは最後通牒とも言えるような決別の一言をルソーに投げかける。「さようなら、市民。しかし、隠遁者とは、まったく奇妙な市民ですね」（一七五七年三月十日付ルソー宛書簡）。

ここにおける「市民」という呼びかけは、何を意味するのだろうか。そのデビュー作『学問芸術論』で自分を「ジュネーヴの市民」と名乗り、その後もカトリックからカルヴァン派に再改宗して（カトリックに改宗した時点でルソーは市民権を喪失していた）、『人間不平等起源論』では、晴れて正式な一市民としてジュネーヴ共和国に熱烈な献辞を掲げる。これほどまでにルソーがこだわったのが「市民」の名称であった。ディドロは、これを逆手にとり、孤独であることにこだわるルソーの矛盾を痛烈に皮肉ったのである。

ディドロの皮肉は、正鵠を得ているとは言えるが、ルソーにとってはあまりにも酷な決めつけであろう。ジュネーヴ市民であることと孤独な隠遁者であること。ルソーの生涯はこの二つの相反する志向の間で揺れ続けた過程であった。これはルソーが好んでそうしたというよりは、ルソーの生涯に必然的に伴われた帰結である。以下、ルソーにとって、祖国という観念がどのような変遷をとげたかをルソーの生涯を重ね合わせつつ追うことで、ルソーにとっての孤独の意味を逆方向から浮き彫りにすることにしよう。

＊＊

十五歳で祖国ジュネーヴを離れ、カルヴァン派からカトリックに改宗し、やがてフランスに暮らすようになったルソーは、著作家としてのデビュー作『学問芸術論』（一七五〇年）の巻頭において、自らを「ジュネーヴ市民」と名乗る。同じ箇所には、オヴィディウスの次の詩句も引用されている。

「私はここで理解されないのだから、バルバロス（野蛮人・外国人）である。」

自分はフランス人ではないという強烈な自意識の表明である。だが、実のところ、それ以前のルソーは、フランスで一旗揚げるため、空しい努力を重ねていた。人文的教養、凝った文体、洗練された所作や会話術を身につけ、上流社会や知識人のサロンで地位を得ようと必死であった。『学問芸術論』で反文明の旗手として脚光をあびた同じ著者とは思えないような文明礼賛の書簡詩を書いたこともある。だが、努力は実らず、挫折を重ね、フランス社会への同化をなかば諦め、バルバロスであることに開き直った。皮肉なことに、その時ルソーはフランスで華々しい脚光を浴びることに成功したのである。

ルソーが、自分の祖国は世界全体であると標榜するコスモポリット（「世界市民」）に反感をあらわにしたことはよく知られている。こうした反応には、彼の私的な経験も一定の影響を与えたであろう。十八世紀中葉のフランスにおいて、コスモポリットが好んで引用した一節がある。「祖国とはどこであれ、人が幸福だと感じるところである（人が幸福なところ、それがその人の祖国である）」（Patria est ubicumque est bene）。この一節からみるかぎり、フランスでの生活に徒労感と苛立ちを募らせるルソーにとって、フランスは第二の祖国とはならなかった。

「祖国とはどこであれ」という一節は、キケロの『トゥスクルム荘対談集』に由来する。コスモポリットという語を一気に広めたフージュレ・ド・モンブロン（Fougeret de Monbron）の『コスモポリット——世界市民』（*Le cosmopolite ou le citoyen du monde*, 1750）はこの一節をエピグラフとしており、まさにコスモポリットの精神を代表する文章である。

フージュレ以上にこの文章の精神を体現したのがヴォルテールである。その『百科全書への疑問』（*Questions sur l'Encyclopédie*, 1770—1772）の「祖国」の項目にもこの一節が引かれている。ただし、博識をもってならすヴォルテールは、最初にこの言葉を書き記したのはエウリピデスだとする。その上で、「生まれおちた地をはなれ、外国におのれの幸福を求めた最初の人物なら、彼以前に同じことを言っただろう」と指摘する。弾圧を逃れ、ヨーロッパ各地を転々としたヴォルテールは、どこでも歓迎され、どこでも旺盛に執筆し、敵も多かったが、それ以上に人脈・友人・賛美者に恵まれた。啓蒙のヨーロッパを代表する大知識人ならではの「祖国」の定義と述べて良い。

対するルソーは、この一節に対する手厳しい批判を何度も繰り返す。「良い国に生まれたある者は苦もなく国を忘れ、もっと劣悪な国に暮らすが、外国で裕福な境遇にある他の者は、たえず自分たちのみじめな仮住まいを嘆き、砂や岩だらけの母国を懐かしむ。前者にとっては、自分が幸せなところすべてが祖国であるのに対し、後者にとっては、祖国においてでしか自分は幸せではない」(*Fragments politiques*)。ここで「砂や岩だらけの母国」を懐かしむ者とは、ルソー自身を指すとみてよいだろう。『エミール』(一七六二年)においても、キケロのものとほぼ同じ文「幸せなところはどこでも祖国である」(Ubi bene, ibi patria)を引用し、ルソーはこれは金持ちの論理だと批判する。確かに、そうかもしれない。例えばヴォルテールは、投機によって若くして財をなし、だからこそ亡命生活をものともしなかった。だが、経済的基盤があってこそ、ペンの力で宗教的不寛容と戦うこともできたわけで、その限りではルソーの見方はやや一面的である。だが、誰もがヴォルテールほどの才覚や強靱さを備えているわけでない。そう簡単に幸福なコスモポリットになれるわけではない。

他方、あれほど熱烈に賛美したジュネーブが今度はルソーを苦しめる。『エミール』と『社会契約論』はジュネーヴで焚書にされ、ルソーには逮捕命令が下る。名誉挽回のため策を弄しても無駄であった。ルソーのジュネーヴへの思い入れは急速にしぼむ。「これ以上ない深い無関心が祖国に対する私のかつての熱情に取って代わりました」(一七六四年七月十五日付ルニエ宛書簡)。

自らジュネーヴの市民権を放棄したルソーは、「世界市民」の祖国観に、さらなる痛罵をあびせる。「呪うべきことわざを逆さにし、あらゆるポーランド人に心の底から、『祖国あるところ、人は幸福なり(Ubi patria, ibi bene)』と言わしめなければならない」(『ポーランド統治論』一七七二年)。「祖国があれば、人は幸福」。そこにナショナリスト・ルソーを発見する者がいても無理からぬような、国民意識の覚醒を説く強烈な一文である。だが、それは、地上のどこにも祖国がないというルソーの喪失感が生み出した一文でもある。この喪失感が、散歩者の孤独をさらに深めたであろうことは想像に難くない。

市民であることにこだわればこだわるほど、祖国が遠くなる。「祖国」をめぐるルソーの紆余曲折は、こうしたメッセージを伝えているようにも思われる。

＊＊＊

二〇一二年に生誕三百年を迎えたルソーを記念する行事は、日本も含め世界中で活発に開催された。記念行事の中心地となったのがフランスではなくスイスであったことが一つの大きな特徴である。これは近年、ルソーをジュネーヴとの関係において理解しようという試みが盛んになったことと軌を一にしているとも言えよう。もはや、ルソーを安易にフランスの思想家と呼ぶことが憚られるような近年の動向である。もちろん、こうした流れもまた、うつろいやすい一つの流行にすぎないかもしれない。だが、スイスの地で華やかな祝祭が催されていることをルソーが知れば、ルソーにとってはやはり大きな喜びではなかろうか。『孤独な散歩者の夢想』において、とりわけ印象的なのは、第五の散歩に登場するサン＝ピエール島に関する描写である。ジュネーヴを追われたルソーは、スイスの現べルン州に位置するこの小さな島に身を寄せるが、まもなく当時のベルン政府からも退去命令が下る。終身の監獄の囚人としてでも滞在し続けたかったと語られるサン＝ピエール島の美しい情景を読み返すとき、しかもその描写が追想のなかで過剰に美化されていることを感じつつ読み返すとき、ルソーの故国への思いの複雑な深みに胸を打たれる。

（本稿の一部は拙稿「ルソーと祖国」（『ふらんす』、二〇一二年六月号）を元にしている）

白水iクラシックス発刊にあたって

「この現にあるがままの世界が最善のものであるとすれば、さらに幸福な将来を望むことはできない」。

一七五五年十一月一日、巨大な地震が西ヨーロッパを襲いました。とりわけ、当時繁栄を極めたポルトガルの港湾都市リスボンでは、数次にわたる激震と、それに伴う津波と火災で多くの犠牲者を出しました。

冒頭の言葉は、リスボンの被害に衝撃を受けたヴォルテールの所感です。かれの悲痛な叫びによって、この地震の評価は論争の焦点となり、ここに次なる時代を導く新たな萌芽が顕在化してきました。

白水iクラシックスは、哲学・思想の古典をアーカイブしてゆく叢書です。収録される古典はどれも、ある社会の岐路に可能性として萌し、世代を越え時代を越え、思いがけない枝を伸ばしながら実を結び、そして幾たびも蘇ってきた、いわば思惟の結晶といえるものです。

いま「幸福」と「希望」の根源的再考が求められています。〈i＝わたし〉を取り巻く世界を恢復する一助として、この叢書が資することを願っています。

二〇一一年三月十一日　白水社

川出良枝（かわで・よしえ）
東京大学大学院法学政治学研究科博士課程修了。博士（法学）。放送大学教養学部、東京都立大学法学部を経て、現在、東京大学大学院法学政治学研究科教授。専門は政治思想史・政治理論。『貴族の徳、商業の精神——モンテスキューと専制批判の系譜』（東京大学出版会）で渋沢・クローデル賞。

佐々木康之（ささき・やすゆき）
一九三五年生まれ。京都大学大学院文学研究科博士課程単位取得退学。現在、立命館大学名誉教授。専門は十八世紀フランス文学。主な編著書に『クラウン仏和辞典』（三省堂）がある。

〈白水iクラシックス〉
ルソー・コレクション

孤独

二〇一二年九月一五日印刷
二〇一二年一〇月五日発行

著者 ジャン＝ジャック・ルソー
選者 ©川出良枝
訳者 ©佐々木康之
装丁 緒方修一
発行者 及川直志
発行所 株式会社白水社
電話 〇三-三二九一-七八一一（営業部）七八二一（編集部）
住所 〒一〇一-〇〇五二 東京都千代田区神田小川町三-二四
http://www.hakusuisha.co.jp
振替 〇〇一九〇-五-三三二二八
印刷所 株式会社三秀舎
製本所 加瀬製本

乱丁・落丁本は送料小社負担にてお取り替えいたします。

Printed in Japan
ISBN978-4-560-09604-8